사람의 길, 담마

사람의 길, 담마

아신 냐나 지음 | 아리야 냐니 옮김

나모 땃사 바가와또 아라하또 삼마 삼 붓다싸 (3번)

Namo tassa bhagavato arahato sammā sambuddhassa

그분, 번뇌를 여읜 존귀한 분, 마땅히 공양받을만한 분,

바름이란 진리를 스스로 깨달아 아신 분께 지극한 예를 올립니다.

여는 말

불교에는, 붓다(佛)와 담마(法)와 상가(僧家)를 가리켜 삼보(三寶)라는 말을 쓰고 있으며, 불교도(佛敎度)들은 붓다, 담마, 상가를 의지하고 섬기며 살아갑니다.

붓다는 사람 세상이 평화롭도록 진리를 일러주신 분이고, 담마는 붓다께서 펴신 진리며, 상가는 붓다의 가르침을 배우고 익히고 행하며 그분의 뜻을 세상에 전하는 이들입니다.

불교도들이 비록 붓다와 담마와 상가를 의지하고 섬기고 살아간다고는 하나 안타깝게도 이 삼보를 제대로 이해하고 있지는 못합니다. 그런 까닭으로 붓다의 가르침, 담마가 무엇인지를 밝히고자 이 글을 썼습니다.

담마의 고갱이(핵심)가 들어있는 경(말씀)으로는, 「법의 바퀴를 맨 처음 굴림 경」 「내가 아님 경」 「돌고 돎 경」 「알아차림이 앞장섬 경」이 있습니다.

그런데 위의 경전들은 불교학자들이 깊이 생각하지 않고 별로 거들떠보지 않는 경이라고 해도 지나친 말은 아닙니다. 또한 이 네 가름의 말씀은 불교 교리의 교과에조차 한 가름도 들어 있지 않습니다.

그러나 이 말씀들은 붓다의 가르침에서 가장 중요한 것들입니다.

「돌고 돎 경」은, 고따마 싯다르타가 붓다가 될 때까지 깊이 사유하고 관찰한 것을 일러주는 말씀이고, 「법의 바퀴를 맨 처음 굴림 경」은 붓다가 다섯 수행자에게 '네 가지 진리(사성제)'를 스스로 어떻게 얻었는지를 설명하는 말씀이며, 「내가 아님 경」은 붓다의 진리대로 자유롭고 행복하고 평화롭기 위해서는 어떻게 갈 것인가를 일러주는 말씀이고, 「알아차림이 앞장섬 경」은 살아가면서 늘 자유롭고 행복하고 평화롭도록 늘 담마를 지니고 행하는 모습을 일러주는 말씀입니다.

그런데도 이 네 가지 경은 불교학자들의 교과와는 너무 거리가 멀고, (우리 미얀마에서는) 사미승들이 외우고 읊는 정도로만 남아있습니다. 까닭은 불교학자들이 이 말씀들의 가치를 모르기 때문이며, 이 말씀들이 우리 삶에 살아 숨 쉬도록 할 줄 모르고 있기 때문입니다.

그럼에도 불교가 이어오는 오늘날까지 이 말씀들의 가치는 아주 높습니다. 그런 까닭에 완전히 없애지 못하고 그나마 사미승들의 예불문(禮佛文)과 기초교리(基礎敎理)에 남겨둔 것이지요.

이 말씀들이 그 가치를 드러내지도 빛을 내지도 못하는 까닭은 또 있습니다. 곧, 담마의 바큇살이 빠져있기 때문입니다. 붓다의 지혜로운 진리, 곧 담마의 교리는 위의 네 경전인데 오늘날 우리 불교도들은 학자들이 쓴 주석서들에만 의지해 오고 있기 때문입니다. 이 상태로 너무 오랜 시간을 흘러왔고, 그런 까닭에 오늘날의 불교학자들은 요소의 진리를 붓다의 진리로 알고 있는 상황입니다. 마치 '미운 새끼 오리*'처럼 말입니다.

　잘못 알아도 보통 잘못 안 것이 아닙니다. 붓다의 진리와 요소의 진리는 하늘과 땅 차이입니다. 좀 더 힘주어 말하자면 붓다의 진리는 몸을 이롭게 하는 약(藥)이요. 요소의 진리는 병을 덧나게 하고 위험하게 하는 독(毒)입니다.

　붓다는 사람들이 사람들과 행복하고 평화롭고 자유롭도록 약을 주었습니다. 그런데 오늘날 불교도들은 사람들을 만나기를 꺼리며 사람 세상을 피하는 병에 걸려가고 있습니다. 독을 약으로 알면서 독이라고 생각조차 하지 못하고 기쁘게 받아먹고 있으니 그럴 만도 합니다.

　미운 새끼 오리가 오리가 아닌 백조였다는 걸 알게 된 것처럼, 모쪼록 사람들이 붓다의 지혜로운 가르침을 만나고 얻기를 바라며, 많은 이들에게 '이것은 약, 이것은 독'이라고 알리고 싶어 이 글을 썼습니다. 붓다의 담마를 알리는 이 글이 너무도 낯설겠지만 많은 이들에게 가까이 다가갈 수 있다면 참으로 더없이 기쁜 일이 될 것입니다.

　　　　담마 위하리 아신 냐나 (담마의 삶을 사는 비구 냐나)

---

* 　미얀마 속담을 이렇게 바꾸어 옮겼습니다.

옮긴이의 말

미얀마에서 빨리어 삼장(三藏)을 연구하던 스님으로부터 건네받은 「담마」 책의 내용은, 참 낯설게 다가왔으나 곧바로 무릎을 치며 '아, 맞아. 그래, 그렇지!' 하는 글귀들이 이어졌습니다.

오늘날의 모든 불교는 고따마 싯다르타 붓다의 불교라고 자신 있게 말할 수 없을 것입니다. 상좌부불교는 붓다 고사의 청정도론을 더 강조하고, 대승불교는 대승 경전을 더 의지하며, 밀교는 관세음보살의 환생자 달라이라마의 가르침을 따르고 있습니다. 그러면서 모두가 불교라고 말하는데 엄밀히 말하면 붓다 고사가 이해한 불교, 구마라즙, 현장이 이해한 불교, 마명, 용수, 무착, 세친 등이 이해한 불교를 따르고 있다고 해야 마땅할 겁니다.

이 책은 냐나 스님이 이해한 불교 「담마」를 편역한 것으로, 스님이 설명하시는 담마의 뼈대는 건드리지 않으면서 미얀마 문화와 정서에 맞게 설명한 걸 우리 문화와 정서에 맞게 뺄 건 빼고 보탤 건 보태기도 하였음을 밝힙니다.

저는 이 책을, 모태(母胎) 불자(佛子)이긴 하지만 불교(佛教)의 불(佛) 자도 잘 모르는 상태에서 양곤에 돈 벌러 왔다가 우연히 마하시 센터에서 한국 수행자들의 통역을 하게 된 스무 살 앳된 미얀마 벗 '웨노에'의 도움을 받으며 1년에 걸쳐 읽고 파고 생각한 뒤 책을 쓴 냐나 스님을 찾아갔습니다.

점심밥을 먹고 나면 스님을 찾아가 해가 질 때까지 묻고 또 묻고, 듣고 또 듣기를 거듭했습니다. 그때, 냐나 스님은 미얀마말이 서툰 저를 위해 여러 가지 보기를 들어 알아들을 때까지 설명을 해주셨지요. 통역이 있음에도 통역을 통하지 않고 바로 알아들을 수 있도록 쉬운 말로 설명하고 또 설명하기를 마다하지 않으셨는데, 처음에는 외국인이라 그런가 보다 생각했죠. 알고 보니 저에게만 그러는 것이 아니었고, 전국에서 책을 읽고 스님을 찾아오는 불자 누구에게나 그렇게 하셨습니다.

스님은 무엇보다도 권위가 없어 보였습니다. 오래지 않은 시간 동안 본 미얀마 어른 스님들은 거의 모두 권위자처럼 보였습니다. 양곤 중심가를 벗어나면 빈민촌이 많은데 그 가운데 가장 우뚝한 곳은 사원이고, 등받이가 있는 높은 의자에 앉은 한 분의 스님을 향해 나머지 사람들은 무릎을 꿇고 두 손을 모으고 우러러보면서 수행 지도를 받거나 축원을 들어야 하는 것이 낯설었습니다. 심지어 어떤 어른 스님이 장식이 있는 높은 의자에 앉으면 뒤에 서서 부채질하는 이가 있고, 양옆에서 팔다리를 주무르고 있는 모시는 이(까삐야)들이 있어 그렇게 느꼈는지도 모르겠습니다.

미얀마에는 많은 이들로부터 존경받는 어른 스님들이 있습니다. 특히나 법문(法門)을 잘하시어, 법문 한 번 할 때마다 바로 그 자리에 모인 청

중들로부터 걷어진 몇천만 원의 보시금을 받는 스님도 있고, 그런 어른 스님이 쓴 책도 엄청 많습니다. 글은 얼마든지 훌륭할 수 있습니다. 그러나 삶이 글만큼 훌륭함으로 이어지지 않는 것 또한 사실입니다.

어쨌든 저는, 만약 「담마」 책을 쓴 스님이 책 내용과 다르게 살고 계셨다면 아마도 또 다른 스승을 찾았을 것입니다. 냐냐 스님을 찾아간 까닭 또한 발칙하게도, 글과 삶이 어느 정도 맞는지를 확인해보고 싶었거든요. 냐냐 스님을 처음 뵙는 날, 스님은 남자는 물론이고 여자 신도들과도 눈높이를 마주하고 앉아 이야기(즉문즉설)를 나누고 있다가 이방인의 인사를 받으셨는데, 너무도 편안하게 해주셔서 마치 자상한 할아버지를 뵙는 느낌이었지요. 그리고 그 모습은 언제나 한결같았습니다.

방금 어떤 이가 물었던 말인데 나중에 온 또 다른 이가 물어도 힘든 내색 없이 짜증 한 번 안 내고 했던 말 또 하고 했던 말 또 하고…, 저는 그 모습에서 2600년 전의 고따마 붓다를 상상할 수 있었습니다.

스님을 뵙고 맨 처음 나눈 말은 이러하였습니다.
"「담마」 책을 읽고 담마에 대한 궁금증을 알기 위해 왔습니다."
"지금까지 알던 불교를 모두 쓰레기통에 버릴 수 있는가요?"
그리고 마지막 나눈 말은 이러하였습니다.
"스님, 제가 담마를 잘못 이해했거나 잘못 전할 수 있다는 염려는 안 되십니까?"
"전혀 안 됩니다. 아는 만큼 전하세요. 진리를 향한 간절함이 있다면 반드시 바른길을 찾아갈 것이니 걱정하지 말고 아는 만큼 전하세요."

2006년에 시작해 1년 동안, 어려운 말이나 미얀마 정서와 속담 문화와 관련된 낱말들을 웨노에의 도움으로 이해하며, '이오덕 선생님의 「우리말 바로 알고 쓰기」대로 번역해보자.' 마음먹고 우리말로만 번역해 둔 글을 이제야 꺼내 읽었습니다. 냐나 스님의 책을 전해 주었던 분이 먼저 우리 불교도들의 정서에 맞게 편역을 해서 2010년에 「담마」책을 출간했기에 '나까지 굳이 책으로 엮을 필요는 없겠다.' 여겼기 때문이지요. 그러나 책은 품절 되었고 편역한 분들은 더는 책을 내지 않겠다 하고, 보던 교재는 떨어졌고…. 교재를 준비하다가 생각을 바꿔 「담마」책을 편역하기에 이르렀습니다.

　　올해 초 미얀마 군부정권이 쿠테타를 일으키면서 정상 국가로서 기능을 잃은지라 거의 모든 국민은 지금까지도 안정된 생활은 꿈도 꾸지 못한 채 고통을 받고 있습니다. 특히나 특정 소수민족은 핍박을 받으며 불안과 공포 속에서 삶의 터전마저 잃고 숲속으로 들어가는 현실에 있습니다. 그런데 그렇게 하도록 부추기는 이들이 (일부겠지만) 승단의 승려들이고 군부와 같은 말을 지금도 법문으로 하고 있으며, 많은 국민에게 존경받던 승려들이 군부와 손을 잡고 있다는 사실에 그만 아연할 수밖에 없습니다. 그리고 이미 오래전부터 그래왔던 일이라니 더욱 기가 막히지만, 꼭두각시놀음에 끼어들어 놀아나고 있음에 어쩔 수 없다고 생각해야만 하는 현실이 그저 안타까울 뿐입니다.

　　냐나 스님은 그런 승단을 상대로 붓다의 가르침과 어긋나는 미얀마 상좌부 교리를 없앨 것을 1984년부터 끊임없이 촉구해왔고, 그 결과는 늘 감옥행이었습니다. 스님은 감옥생활을 세 번에 걸쳐 모두 15년을 하셨는데 늘 같은 이유였습니다. 처음에는 미얀마 불교를 훼손했다고 보내졌지만, 나중에는 스님의 가르침을 따르는 지식인들과 승려들이 늘어나니까 투옥(投獄)했습니다.

스님이 일흔이 넘은 연세에 투옥되실 때는 살아서는 못 나오실 거라 믿을 만큼 종신형에 가까운 형량을 받으셨는데, 2016년 3월 노벨평화상 수상자인 아웅산 수치에 대한 세계의 관심과 함께 반세기를 집권하던 군부독재가 주춤하면서 미얀마에 문민정부가 들어섰고, 세계인권위원회 덕분에 석방이 되셨습니다.

스님의 연세는 여든이 넘으셨지만 정정한 모습으로 여전히 아담마(adhamma)가 아닌 붓다의 담마(Dhamma)를 전하고 계시고, 민주주의와 종교의 자유가 있는 나라를 부러워하며 미얀마 또한 그리되기를 희망하고 계십니다.

저 또한 미얀마의 군부 쿠테타가 종식되고 국민 모두 어서어서 평화로운 일상으로 돌아가기를 간절히 바라는 마음입니다.

이 책은 2007년 냐나 스님이 이해한 붓다의 가르침을 책으로 펴낸 「담마」를, 웨노에의 통역에 힘입어 번역했으며, 응진 동진 스님의 「담마」책을 참조하여 편역하였습니다.

한국판 「담마」를 참조할 수 있도록 도움을 주었던 웨노에는 물론, 낱말 하나하나에 더 깊이 생각하고 개념을 정리할 수 있도록 자극을 주신 김성재 님, 그리고 언제나 저를 믿고 책이 나올 때까지 기다려주고, 이레마다 한 달마다 빠지지 않고 나와서 담마와 지혜 나눔을 함께하며 응원

해주신 담마 벗들과 책을 잘 만들도록 응원하고 보시해주신 님들께 참으로 고맙고 또 고마운 마음 전합니다.

2022년 해오름 달 무위산방에서

아리야 냐니 두 손 모둠

차례

1장

다섯 사문에게 처음 하신 말씀

「전법륜경(轉法輪經)」
(법의 바퀴를 굴림 경)

「전법륜경」의 빨리어는

Dhamma cakka pavattana sutta(담마 짝까 빠왓따나 숟따)다.

Dhamma(법), cakka(바퀴), pavattana(굴림, 설함), sutta(경)로

'법의 바퀴를 굴림(轉法輪)'이라는 뜻이다.

붓다의 담마 속으로 들어가기에 앞서

붓다는 헤아릴 수 없을 만큼 많은 담마(가르침)를 펼치셨습니다. 헤아릴 수 없을 만큼 많고 많은 가르침이 있지만, 담마를 알기 위해서 모든

말씀을 다 읽어야 할 필요는 없습니다. 진짜 알아야 할 것은 고갱이(핵심)며, 고갱이만 제대로 안다면 담마를 이해하는 데는 모자람이 없을 겁니다.

그런데 어찌하여 그렇게 많은 말씀을 하였을까요?
상황에 따라 또는 사람들의 눈높이에 따라 여러 가지로 말씀하셨기 때문입니다. 붓다가 계셨던 그때는 계급문화가 견고하였기에 쓰는 말도 달랐고, 삶의 문화도 달랐습니다. 다시 말해 사람을 계급으로 나누어 높은 계급의 사람, 낮은 계급의 사람이 있었다는 말이지요.

제사장 계급인 '바라문(브라만)'은 자신이 신(神)과 하나라고 여길 만큼 제일 높은 계급의 사람이었고, 나라를 다스리고 지키는 왕족과 무사인 '크샤트리아'는 두 번째, 상업 또는 농사를 짓는 평민 '바이샤'는 세 번째, 허드렛일 궂은일만 할 수밖에 없는 노예나 종 '수드라'는 제일 낮은 계급이었습니다. 이렇게 계급을 나누어 놓았기에 삶도 달랐고 말도 달랐고, 또한 사람마다 직업이나 하는 일에 따라 일어나는 상황도 달랐으며, 성격이나 성향 그리고 괴로움의 모양도 달랐기에 같은 말씀을 할 수 없으셨던 것입니다.

그리고 붓다는 한 곳에서 한 사람에게만 말씀하신 게 아니라 여러 곳에서 여러 사람을 위해 무려 45년 동안 가르침을 펴셨습니다. 오늘날 우리가 한꺼번에 많은 가르침을 배울 수 있는 것은, 붓다의 제자들이 붓다의 말씀을 모아둔 덕분이겠지요?

어쨌든 그렇게 많은 말씀이 있을지라도 말씀 하나마다 무슨 말씀을 하고자 하였는지 본질을 알 수 있습니다. 하나의 말씀만 공부해도 담마를 아는 데는 모자람이 없다는 말입니다. 그렇다고 여기에서 한 가지만 하지는 않을 것이고, 네 가지 정도를 쉼 없이 할 것입니다.

먼저 알아야 할 것은, 붓다의 말씀이 지금 세대와는 약 25세기 이상 차이 나는 시대의 가르침이므로 이해하기 어렵거나 받아들이기 어려울 수도 있다는 점입니다. 시대 상황이나 나라 상황도 다르고 문화와 정서도 많이 다른 시대의 말씀이기 때문입니다.

그때의 붓다 또한 이런 고민을 하였습니다. 당신의 말을 알아들을 만한 이를 찾아보면서 '내가 지금 발견한 진리를 받아들일 지혜로운 이가 있을 것이다. 나는 이 담마를 알리고 펼치리라.' 생각하면서 보드가야에서 바라나시의 이시빠타나까지 오셨으니까요.

예나 지금이나 나라마다 지방마다 말이나 문화가 다를뿐더러 말하는 사람과 듣는 이의 생각과 눈높이 또한 다른 것이 이치입니다.

그렇게 다른 까닭으로 붓다의 가르침, 담마를 온전히 이해하기 위해서는 적어도 네 가지 정도의 경을 공부해야 합니다.

많은 말씀 가운데 공부하고자 하는 네 가지 경은 다음과 같습니다.

(1) 「법의 바퀴를 굴림 경」(전법륜경)

(2) 「원인과 결과가 돌고 돎 경」(연기경)

(3) 「내가 아님 경」(무아경)

(4) 「알아차림이 앞장섬 경」(대념처경)

불교의 삼장(三藏)이란, 붓다의 가르침을 모두 모아 세 개의 바구니에 담아 나누어 놓은 것이다.

경장(經藏)에는 사성제를 바탕 중심으로 삶의 잣대로 삼을 만한 가르침을,

율장(律藏)에는 승려들이 공동체 생활 속에서 지켜야 할 규칙을,

논장(論藏)에는 붓다의 가르침을 해석하고 정리한 것이 들어 있다.

삼장 모두를 붓다가 말씀하신 건 아니다. 논장은 부파불교 시대에 만들어졌다.

「법의 바퀴를 굴림 경(전법륜경)」은 쌍윳따 니까야(상응부: 대품-진리상응)

「원인과 결과가 돌고 돎 경(연기경)」은 쌍윳따 니까야(상응부: 온품-온상응)

「내가 아님 경(무아경)」은 쌍윳따 니까야(상응부: 연기품-연기상응)

「알아차림이 앞장섬 경(대념처)」은 디가 니까야(장부: 대품)에 들어 있다.

사문은 쉬라마나의 쉬람에서

먼저 사문(沙門)의 뜻을 알아보면서 인도의 문화를 조금만 알아보고 가겠습니다.

사문이란, 붓다께서 계셨을 때 이미 수행(修行)을 해왔던 이들을 일컫는 말이었습니다. 당시 인도에는 제사장 브라만(바라문) 계급이 있는데, 그들은 창조의 신 브라흐마의 입에서 났다고 여기며 신(神)과 하나라고 생각하는 이들이었지요. 21세기 오늘날에도 어떤 브라만은 자신의 발이 땅에 닿지 않는다고 생각하고 삽니다. 그들이 쓰는 언어(言語)는 산스크리트어로 범어(梵語), 곧 '하늘 말'이라고 할 정도로 언어에도 차별을 두었습니다.

그들의 악습과 부조리에 염증을 느끼던 이들이 많아지면서 신흥종교가 우후죽순 생겨날 때, 사람들이 집을 떠나 스승의 가르침에 따라 숲속으로 들어가 수행을 하는 전통이 생겨납니다. 그들을 일컬어 산스크리트어로 '쉬라마나(śramaṇa)'라고 하였는데, '어려움을 무릅쓰고 노력한다'라는 뜻의 움직씨(동사) '쉬람(śram)'에서 생겨난 말이며 한자로 음역한 것이 '사문'입니다.

사문의 특징은 집을 떠나 출가(出家)를 해야 하고, 한곳에 머물지 않고 여기저기 떠돌아다니는 유행(遊行)을 해야 하며, 밥은 마을을 돌아다니며 얻어먹는 탁발 걸식을 하는 겁니다. 그렇게 하는 목적은 해탈입니다. 그러나 오늘날에는 사문이 불교로 출가하여 수행에 힘쓰는 이를 일컫는 말이 되었습니다.

치우친 양극단의 길

저는 이렇게 들었습니다.

한국불교 경전에는 여시아문(如是我聞) 곧 '나는 이렇게 들었다'라고 하죠. 여기서 '나' 또는 '저는'은 아난다(Ānanda) 스님을 뜻합니다. 아난다는 우리 불교에서는 '다문제일(多聞第一) 아난'이라고 하는데, 붓다의 설법을 가장 많이 들었다는 뜻입니다.

아난다 스님은 25살에 출가하여 붓다를 모시겠다고 하면서 한 가지 약속을 받아내는데, 붓다께서 어느 곳 어느 집에 초청을 받아 가실 때 아난다가 따라가지 못하는 날에는 그곳에서 하신 법문을 아난다에게 다시 들려주기로 했다는 것입니다.

아난다 스님은 고따마 붓다의 사촌 동생이자 붓다를 해치려고 했던 데와닷따(제바달다)의 동생이기도 합니다만, 붓다를 가장 오랫동안 모신 분이기도 합니다. 무려 25년 동안 모셨으니까요.

아난다 스님은 25년 동안 들었던 붓다의 말씀을 토씨 하나 빠트리지 않고 그대로 외우는 능력이 있었다고 합니다. 그 덕분으로 붓다께서 돌아가신 뒤(빠리닙바나) 경전(經典)을 만들게 된 겁니다.

붓다가 이시빠타나 사슴 동산에서 맨 처음 담마를 설한 다섯 사문은
꼰단냐(Kondañña), 밧디야(Bhaddiya), 왓빠(Vappa),
마하나마(Mahānāma) 앗사지(Assaji) 다.

어느 때, 붓다께서는 이시빠타나(Isipatana)의 사슴 동산에 가셨고,
그때 만난 다섯 수행자에게 이와 같은 설법을 하셨습니다.

수행자(修行者)는 두 가지 치우친 길(兩極端)에 기대지 말아야 하오.
두 가지 치우침이란 무엇인가?

첫 번째 치우친 길, 탐욕의 길은
바깥 대상이 주는 즐거움을 좇는 일에 힘을 쏟는 것으로,
그것은 하찮고 성글며, 어리석은 자가 하는 짓이고,
지혜로운 이가 할 바가 아니며, 아무런 이로움이 없다오.

두 번째 치우친 길, 금욕의 길은
자신을 힘들게 하는 일에 힘을 쏟는 것으로,
괴로운 것이며 어리석은 자가 하는 짓이고,
지혜로운 이가 할 바가 아니며, 아무 이로움을 주지 않는다오.

    고따마 붓다께서는 바라나시와 가까운 사르나트의 사슴 동산에서 만
난 다섯 수행자에게 처음 법을 설하실 때, "수행자들이여, 수행자는 두
가지 치우친 길에 기대지 말아야 하오."라는 말씀을 시작으로 지혜로운
삶의 길을 일러주셨습니다. 우리가 흔히 알고 있는 전법륜(轉法輪)은 두
가지 치우친 길과 치우치지 않은 길에 대한 말씀입니다.
    곧, '하지 말아야 할 짓(善惡業)'과 '할 뿐으로 해야 할 행위(正業)'가
무엇인지를 자세히 설명하신 것이지요. '치우침 없는 길'을 설명하기 위

해서는 먼저 '치우친 길'에 대해 알아야겠지요? 치우친 길에는 '탐욕의 길'과 '금욕의 길' 두 가지가 있습니다.

'탐욕의 길'이란 빛깔이나 모양, 소리, 향기나 냄새, 맛, 감촉 이 다섯 가지 대상을 욕망하는 삶을 뜻합니다. 빨리어로는 'kāmasukh-allikānuyoga(까마수칼리아누요가)'라고 하며, 이는 '바깥 대상이 주는 즐거움을 쫓는다'라는 뜻의 kāmasukha와 '계속 힘쓴다'라는 뜻의 anuyoga가 더해져 만들어진 글자입니다. '요가'를 '행함'이라고만 알고들 있는데 뜻을 더 살펴보면 '행함' 말고도 '맺는다' '힘씀'의 의미도 있습니다. 곧 감각의 즐거움을 쫓고 집착하여 움직이는 것의 이름입니다.

미얀마에서는 대상 다섯 가지를 '까마공'이라고들 하는데요. '까마'는 '다섯 가지 대상', 곧 빛깔(色), 소리(聲), 냄새(香), 맛(味), 닿음(觸)이며, '공'은 '능력, 힘'이란 뜻입니다. 그러니 까마는 주변의 모든 것들이고, 공은 그것들이 가진 힘(개념이나 가치)이 되겠지요?

주변을 둘러보면 온통 볼거리, 들을 거리, 향이나 냄새, 맛난 것, 부딪는 것 천지입니다. 이것들이 곧 '까마'인 셈이지요. 그러니까 눈에 보이는 것, 귀에 들리는 것, 코로 들어오는 것, 혀로 맛보는 것, 몸에 닿는 촉감이 좋은(또는 싫은) 걸 쫓는다는 뜻이겠지요? 또 다른 말로는 오욕락(五欲樂)이라고도 합니다.

빛깔이나 모양은 물론 소리나 향, 냄새, 맛, 감촉은 개인의 취향이라고 하여 좋아하고 싫어하는 게 모두 다릅니다만, 저마다 좋아서 끌어당기거나 싫다고 밀쳐내는 삶을 삶의 기쁨으로 여기기도 합니다. 까마의 삶을 보면, 거의 모두 즐거움을 쫓아다니기에 수준이 낮고 하찮으며 거칠고 순수하지 않으며 이로움이 많지 않습니다. 가치 있는 삶이 아닌 거죠.

그저 한낱 바깥 대상을 좇아 잠깐 얻는 쾌락(快樂)일 뿐이기에 붓다께서는, "탐욕의 길은 바깥 대상이 주는 즐거움을 좇는 일에 힘을 쏟는 것으로, 그것은 하찮고 성글며, 어리석은 자가 하는 짓이며, 지혜로운 이가 할 바가 아니며, 아무런 이로움이 없다오."라고 하였습니다.

'금욕의 길'이란, 빨리어로 'attakilamathānuyoga(앗따낄라마타아누요가)'라고 하며, atta는 '자기 자신, 나'를 뜻하고, kilamatha는 '힘들고 피곤하게 하는 것', anuyoga는 '계속 힘쓴다'를 붙여 만든 말로써 '내 몸의 힘듦을 참고 힘씀'이라는 뜻이 됩니다.

한 낱말의 뜻을 온전히 제대로 알고 쓰기 위해서는 문법으로만 풀어서는 안 되며, 그 시대와 시대의 상황, 그 말을 쓰는 사람들의 삶도 알아야 합니다.

붓다와 다섯 수행자가 살았던 시대와 그들의 삶을 살펴보겠습니다. 인도에는 흔히들 고행이라고 하는 걸 수행으로 삼는 길, 뜨거운 햇볕이 쨍쨍 내리쬐는 한낮에 사방에 불을 지피고 그 복판에 앉아 있거나, 물속에 들어가 숨 참고 있기, 한쪽 팔 들고 한쪽 다리로 오래 서 있기와 같은 '금욕의 길'이 수행 문화로 자리 잡고 있습니다.

고따마 붓다가 걸어온 길을 살펴볼까요. 고따마 붓다도 처음에는 '몸을 힘들게 하는 길'을 갔습니다. 고따마 싯다르타는 법을 찾기 위해 왕궁을 나와 숲으로 들어간 뒤 따라온 마부를 돌려보냅니다. 한 나라의 태자 신분을 버리고 숲에서 혼자 생활하다가 멀지 않은 곳에 있던 수행자 '알

라라깔라마'를 찾아가 배운 수행법은 무색계 삶의 수행법이었습니다. 무색계 세 번째 단계 '무소유처'를 얻고, 더 얻을 게 없다고 판단하고 떠난 뒤 '야마'의 아들 '웃다까 라마뿟다'에게서 무색계 선정 마지막 단계인 '비상비비상처'를 얻습니다.

그들에게 더 나은 가르침이 없다는 걸 알고 숲속으로 들어가 하루에 대추 씨 한 알만큼 먹으면서 잠도 안 자고 움직이지도 않는 수행법으로 눈은 우물처럼 푹 꺼지고, 머리카락은 새가 둥지를 틀 정도로 덤불 같고 갈비뼈가 다 드러날 때까지 고행(苦行)하였습니다.

금욕의 길에 치우친 이들은 보통 탐욕의 길을 하찮게 여기고 탐욕을 끊어내고자 합니다. 이 길에 대해서도 고따마 붓다는 "금욕의 길은 자신을 힘들게 하는 일에 힘을 쏟는 것으로, 괴로운 것이고 어리석은 자가 하는 짓이고, 지혜로운 이가 할 바가 아니며, 아무 이로움을 주지 않는다오."라고 했습니다.

사문들이여, 나는 두 가지 치우친 길에 빠지지 않고
'중도'를 꿰뚫어 알았다오.
중도는 눈을 뜨게 하고, 지혜를 만들고, 번뇌를 멈추게 하고,
최상의 지혜를 일으키고, '네 가지 진리'를 알게 하고,
괴로움을 사라지게(닙바나) 한다오.
사문들이여, 나 여래(如來)가 깨달았고, (지혜의) 눈을 뜨게 하고,
지혜를 일으키며, 번뇌를 멈추게 하고, 네 가지 진리를 꿰뚫어 알고,
괴로움을 소멸(消滅)케 하는 그 중도(中道)는 무엇인가?
그것은 팔정도(八正道), '여덟 가지 바른길'이라오.

'여덟 가지 바른길'은 무엇인가?

바른 앎, 바른 생각, 바른말, 바른 행동, 바른 표정,

바른 노력, 바른 알아차림, 바른 마음가짐이라오.

사문들이여, 나 여래(如來)가 깨달았고, (지혜의) 눈을 뜨게 하고,

지혜를 일으키며, 번뇌를 멈추게 하고, 네 가지 진리를 꿰뚫어 알고,

괴로움을 소멸케 하는 중도는 '여덟 가지 바른길'이오.

치우침 없는 사람의 길, 여덟 바른길 – 중도

그럼, 치우치지 않은 길은 무엇인가, 팔정도라는 말 들어보셨는지요? 고따마 붓다께서 다섯 수행자에게 말씀하시기를, "나는 두 가지 치우친 길에 빠지지 않고 중도를 꿰뚫어 알았다오. … 그것은 팔정도(八正道), '여덟 가지 바른길'이라오."라고 하였습니다. 그럼 '여덟 가지 바른길'은 무엇인지 알아볼까요?

① 삼마-디티 (바른 앎, 봄: Samma dithi)

② 삼마-상카파 (바른 생각: sammā-saṅkappa)

③ 삼마-와싸 (바른말: sammā-vācā)

④ 삼마-깜만다 (바른 짓, 행위: sammā-kammanta)

⑤ 삼마-아지와 (바른 표정-기운: sammā-ajiva)

⑥ 삼마-와야마 (바른 힘씀: sammā-vāyama)

⑦ 삼마-사띠 (바른 알아차림: sammā-sati)

⑧ 삼마-사마디 (바른 마음가짐: sammā-samādhi)

'여덟 가지 바른길'을 우리나라 불교에서는, '정견(正見) 정사유(正思惟) 정어(正語) 정업(正業) 정명(正命) 정정진(正精進) 정념(正念) 정정(正定)'이라고 하며 다른 말로는 '중도(中道)', 또는 '계(戒)·정(定)·혜(慧) 삼학(三學)'이라고도 합니다. 그리고 정어, 정업, 정명을 '계(戒:닦음:sīla)', 정견, 정사유는 '혜(慧:슬기·지혜:paññā)', 정정진, 정념, 정정은 '정(定:마음가짐:samādhi)'으로 나누어 놓았습니다.

닦음 무리(계)	슬기 무리(지혜)	마음가짐 무리(정)
바른말(정어)	바른 앎(정견)	바른 힘씀(정정진)
바른 행동(정업)		바른 알아차림(정념)
바른 표정·기운(정명)	바른 생각(정사유)	바른 마음가짐(정정)

여기서 '계'는 빨리어로 '실라sīla'라고 하고 '닦음'으로 풀었는데요. 닦음이란, '늘 지니고 있으면서 늘 지켜야 할 것'을 뜻합니다. 그럼 무엇을 지니고 지켜야 할까요? 찬찬히 공부해 보시죠.

낱말의 뜻은 '돌기둥', '바위'입니다. 바른말, 바른 짓·행위, 바른 표정·기운을 계 무리로 넣었는데 이것은 곧 세 가지 행위가 돌기둥이나 바위처럼 흔들림 없이 굳세게 지켜져야 하기에 그런 것입니다. 다시 말해 익숙하게 닦아져야(sīla) 할 것은 바른말, 바른 짓, 바른 표정·기운이라는 것이지요.

계, sīla에 대해 조금 더 알아보겠습니다. sīla는 곧 반드시 지켜야 할 법이며 '바른말, 바른 행위, 바른 표정' 오직 이 세 가지뿐입니다.

나머지는, 그러니까 승가(僧伽)에서 지켜야 할 규범(계율, vinaya-sila)과 포살일(8계를 지키는 날. 보름 또는 그믐날)에 지켜야 할 것은 규범이고, 법으로 익혀야 하는 닦음(sīla)은 때(시간)와 곳(장소), 형편에 따라 지키거나 어기거나 할 수 있는 것이 아니라는 뜻입니다.

마음이 있을 때는 지키고 마음에 없을 때는 어기는 것도 아닙니다. 하고 싶으면 하고 하기 싫으면 하는 것도 아닙니다. 만약 그렇게 하고 있다면 정말 잘못된 것이며 'sīla'라는 이름을 그르치는 것이지요. 'sīla'는 흔들림 없이 굳세게 지켜야 할 일이며, 지키다 어기다 하는 것이 아님을 마음에 새겨야 합니다.

맨 처음 '담마'를 설하시는 모습, 상상해본 적 있으신가요?

'여덟 가지 바른길'은 고따마 붓다께서 깨달은 진리(담마)였고, 그 진리의 길을 갔더니 지혜로운 눈이 생겼으며, 번뇌가 멈추었다고 고백하면서 다섯 수행자 또한, 치우친 길을 의지하지 말고 여덟 가지 바른길, 치우치지 않는 중도(中道)로 가도록 권하는 모습을요.

빨리어 담마(Dhamma)가 가진 바른 뜻

말 뿌리(語根) 다라(dhara)에는 '유지하다, 지니다, 보존하다, 나르다' 라는 뜻이 있으며 이를 능동형으로 옮기면 '늘 지닐 수 있고, 늘 지키고 행할 수 있는 진리' 가 된다.

'여덟 가지 바른길'은 다른 말로 하면 '담마'가 됩니다. 이 담마를 누구에게 어떻게 쓰는 것인지 낱낱이, 하나하나 풀어서 보도록 하겠습니다.

'정견(正見)'은 '잘못된, 그릇된 앎'이 아니고 '바른 앎'입니다.

잘못된, 그릇된 앎이란 치우친 두 가지 길로 가면서 그 길이 옳고 마땅한 길이라고 아는 것입니다.

바른 앎은, 풀, 나무, 바위, 새, 돼지, 소한테 쓰는 게 아닌, 사람과 사람 사이, 사람 세상에서 쓰는 여덟 가지 바른길에서 반드시 먼저 갖추어야 할 것입니다.

어떤 앎이 '바른 앎'일까요?

감각의 즐거움을 좇아 아는 것이 아닌, 또한 감각의 즐거움을 피해서 아는 것도 아니어야 합니다. 감각의 즐거움을 좇거나 밀어내면서 고행을 해야 한다고 알면 바른 앎이 아닌 거죠. 이를테면 감각의 즐거움을 좇는 삶을 행복으로 알고 고행을 행복으로 안다면 잘못된 앎입니다. 다시 말하자면 치우친 길 두 가지를 행복으로 안다면 그릇된 앎이고 잘못된 앎이지요.

세상에는 감각의 욕망에 끄달리고, 달콤함에 빠지거나 감각의 욕망이 일어나지 않게 하고 사는 맛도 좋다고 하는 이가 있는데 이는 바른 앎으로 하는 말이 아니라는 겁니다.

'바른 앎'이란 '苦(고)를 苦로 바로 아는 것'입니다.

괴로움이라는 낱말 둑카dukkha는 du+khama 또는 du+kara로 볼 수 있는데, 일반으로 du와 khama를 붙여 '느낌의 괴로움'을 뜻하는 말로 잘못 알고들 있다. du는 '나쁘다, 좋지 않다'는 뜻이고, khama는 '참다, 견디다'는 뜻인데 이 두 낱말을 붙여 '나쁜 느낌' '괴로움'이라고 하는 것이다.

그러나 '나쁘다'를 뜻하는 du와 '일, 행위'를 뜻하는 kara를 붙여 '나쁜 행위, 하지 말아야 할 짓' 더 나아가 '하지 말아야 할 짓을 한 결과로 오는 괴로움'이라는 뜻으로 알아야 한다.

괴로움을 그저 괴롭고 나쁜 느낌으로 보면 붓다의 말씀 "사람은 행위, 업에 따라 천하기도 귀하기도 하다."는 말씀에 맞지 않는다.

'바른 앎', '苦를 苦로 안다'라는 게 무슨 말일까요? 느낌의 괴로움이 아니라 '하지 말아야 할 짓', '잘못된 짓을 하면 괴로움이라는 과보(果報)가 따른다'라고 아는 것이 '바른 앎'입니다.

우리는 하지 말아야 할 짓을 제대로 알지 못합니다. 잘못된 행위를 한 뒤에는 후회하고 걱정을 하면서도 고(苦)를 제대로 알지 못하기 때문에 잘못된 행위를 끊임없이 되풀이합니다. 그러므로 '할 뿐인 업과 해서는 안 될 업을 낱낱이 꿰뚫어 알고, 苦를 苦로 아는 것이 바른 앎'입니다.

'정사유(正思惟)', 바른 앎이 바탕이 되면 자연스럽게 '바른 생각'으로 이어지겠지요. '지금 하는 생각이나 말, 그리고 행동이 누구에게 어떤 이로움이 있을까! 두 가지 치우친 길로 가는 건 아닌가!'라고.

조금 더 분명하게 한다면, 첫째는 바깥 대상을 취해 즐기려는 탐욕에 휘둘려가면 위험하다고 알고 그 욕망에서 벗어나려는 생각입니다. 둘째는, 생각에 분노와 성냄, 시기와 의심 따위는 없는지 그것에 걸리지 않도록 생각하는 겁니다. 셋째는 남을 괴롭히거나 때리지 않기 위해 생각하는 겁니다. 참고 억누르고 있지는 않은지 살피며 나와 남 우리가 이로운 생각을 하는 겁니다.

'정어(正語)'는 '바른말'인데요. 나와 남 우리에게 이로운 말이 곧 바른 말입니다. 그럼 하지 말아야 할 바르지 않은 말은 뭘까요? 첫째는 남을 속이는 말, 둘째는 욕설과 같이 거친 말, 셋째는 사람과 사람 사이를 헐뜯고 이간질하는 말, 넷째는 쓸데없는 쭉정이 말입니다. 일부러 부드럽게 하는 말이나 지나치게 거친 말, 꾹꾹 참으면서 입 다물고 있는 것은 바른 말이 아닙니다. 상황에 맞고 대상에 맞게 나와 너 우리가 이로운 말이 곧 바른 말입니다.

'정업(正業)'은 '바른 행동'인데요. 바른 행동이란 사람과 사람이 서로 지나치지 않으며 좋고 이로운 행동이겠지요? 반면 하지 말아야 할 나쁜 행동이란, 탐욕과 집착으로 또는 분노와 성냄으로 하는 행동으로 첫째는 사람을 죽이거나 때리거나 괴롭히거나 죽이는 짓, 둘째는 주지 않는 걸 훔치거나 뺏는 짓, 셋째는 잘못된 이성관으로 성추행이나 성폭행을 하는 짓입니다.

'정명(正命)', 불교도들이 많이 헷갈리는 말이므로 좀 길게 설명하겠습니다.

　어떤 낱말이든 '능동태로 보는가, 수동태로 보는가', '토씨를 어떻게 넣는가'에 따라 뜻이 아주 달라집니다. 거의 대부분의 학자가 '정명'을 '바른 생계' 또는 '바른 직업'으로 풀고 있습니다.

　자, 그럼 곰곰 살펴보겠습니다.

몸으로는 행동을, 입으로는 말을, 마음으로는 마음 씀을 합니다.

흔히들 신(身) 구(口) 의업(意業)을 잘 닦아야 한다고 합니다. 여기서 바른말은 입으로 짓는 업에 해당이 됩니다. 그렇다면, 정업(正業)을 바른 직업, 바른 생계로 볼 때 어디에 해당할까요? 어떤 이는 바른 생계를 무기나 독약을 팔지 말고, 인신매매나 살인을 하지 않는 것이라 합니다.

　그럼 바른 직업은요? 身 口 意 업을 바름으로 행해야 한다고 알았을 때 지금까지 알았던 것으로 설명하려면 뭔가 많이 모자랍니다.

　정업을 바른 직업으로 보고, 정명을 바른 생계로 본다면 중복 또는 반복되는 말입니다. 알래스카의 이누이트족이나 아프리카 사람들은 물고기나 사슴을 잡아먹고 살아야 하는데 살생을 하지 않는 것이 바른 생계라고 한다면 그들은 굶주려야 하고 붓다의 법은 영원히 따르지 못한다는 말이 됩니다. 추운 지역에 사는 사람들은 추위를 이기려고 술을 약으로 삼아 마신다고 하는데, 그들은 불교와는 영영 멀다고 여겨야 할까요? 보편의 진리가 안 되는 말입니다.

　말로는 사람을 위한 법이고, 인종도 상관없고, 성별, 나라, 지위, 노소(老少), 시공간(視空間)도 상관없다고 하는 붓다의 법이 왜 선택받은 이들에게만 이로운 말씀이 되어야 할까요?

　말은 되니까 '그런가 보다'하고 대충 인식하니 붓다의 지혜로운 말씀을 모자란 말씀으로 만들고 있는 겁니다. 계는, 사람이라면 몸으로 입으로 뜻으로 지니고 늘 행해야 할 것들입니다. 그러나 나라, 기후, 종교, 직업, 음식, 문화에 따라 늘 지닐 수 없다면 생각해 보아야 하지 않을까요?

빨리어로는 '삼마 아지와(samma ajiva)'인 '정명(正命)'

'아지와(ajiva)'에는 '생계나 직업' 말고도 '생활, 살림, 삶(목숨)'이라는 뜻이 있으며 한자로는 목숨 명(命)을 썼다.

　'아지와'는 우리말로 하면 '기운'이 됩니다. 우리 말에 기운이 '있다, 없다'라고 하는데, 그 기운은 좋게도 안 좋게도 마음의 창, 얼굴에 나타납니다. 그러므로 정명을 바른 기운 바른 표정(氣運)으로 풀이합니다. 그럼 바른 표정(기운)은 어디에 어떻게 쓰면 될까요?

　사람들과 서로 만나 말하고 어우러질 때, 지나치거나 모자라지 않게 써야 합니다. 인사할 때나 고맙다고 할 때 밝은 표정으로 한다면 상대방은 물론 나도 좋습니다. 인사를 무뚝뚝하게 한다거나 칭찬이나 감사 인사를 하면서 화난, 또는 비웃는 표정으로 한다면 바른 표정이라 할 수 없겠지요?

정정진(正精進), '바른 노력'이라고 하는데 많이 들어보셨죠?
'정진하세! 정진하세~!'라는 노래도 있는데, 우리는 이 정진을 절 3천
배, 3만 배, 100만 배, 또는 다라니 100만 독(讀), 결가부좌하고 앉아 잠
안 자고 참선(參禪)하는 것, 경전을 베껴 쓰는 사경(寫經)이라고 들어 알
고 있습니다.

사정단(四正斷)

이미 지은 잘못된 업이라면 다시 짓지 않도록 하고(斷斷),

아직 짓지 않은 잘못된 업이라면 계속 짓지 않도록 하고(律儀斷),

이미 지은 좋은 바른 업이라면 계속 짓도록 하고(修斷),

아직 짓지 않은 좋은 바른 업이라면 짓도록 노력하는 것(隨護斷).

그러나 붓다께서 말씀하신 바른 정진은, 사람과 사람 세상에서 모두가
이로운 한편 괴로움이 일어나지 않도록 노력하는 것을 바른 노력이라고
하였습니다. 우리는 흔히 사정근(四正勤 : 부지런히 할 것 네 가지) 또는 사
정단(四正斷)이라고 합니다.

사람과 사람 사이에서 바른 업을 지으려고 노력하는 한편 안 좋은 업
은 짓지 않도록 노력하는 일이 곧 바른 노력입니다.

정념(正念), 念은 생각이라는 의미가 있지만 앞에 사유(思惟)가 있으니
생각을 뜻하는 말은 아니겠지요?

정념은 빨리어로는 사띠(sati)라고 하는데 학자들은 '기억' '마음 챙김' '깨어있음' '주의집중'으로 옮기고 있으며 딱 한 가지로 정하지는 못하고 있다.

그러므로 '어떻게 옮겼는가?'보다는 '대상과 목적이 무엇인가?'를 바로 알아야 한다.

정념은 '바른 알아차림'입니다.

念은 빨리어로 '사띠(Sati)'라고 하며, '기억, 새김, 챙김, 주의, 주시, 주의를 기울임, 인식, 념(念)' 등의 뜻이 있는데 보통 '알아차림, 마음 챙김, 주의집중, 깨어있음'을 뜻합니다. 그러니까 우리 마음이 알아차림으로 늘 깨어있어야 합니다.

탐진치(貪瞋癡) 번뇌는 도둑이자 바이러스라고 마음에 새겨 두고 알아차림을 놓지 말아야 합니다. 늘 깨어있으려면 마음에 '알아차림'이라는 '쎄콤'을 설치해 두어야 합니다. 탐진치라는 도둑이 들어오면 '거기 있구나, 게 멈춰라!' 하고 삐용-삐용~ 울려주어야 합니다. 탐욕과 분노, 성냄, 의심, 자만, 시샘, 게으름 따위는 바이러스고 알아차림은 백신이라고 알아야 합니다.

밥을 먹을 때 이미 배는 불렀는데도 맛있다고 맛을 탐착하여 더 먹으려고 하는 마음이 일어나면 욕심이라고 알아차리고, 말할 때도 욕심이 들어갔는지 성냄이 들어갔는지를 살피고 아는 것이 바른 알아차림입니다.

다시 말해, 사람과 사람 사이에서 말하고 행동할 때, 욕심이나 성냄이 들어가지 않도록, 욕심과 성냄이 일어나지 않도록 알아차림을 해야 하며, 하는 말이나 행동이 탐욕의 길이나 금욕의 길은 아닌지 살펴 알아차림을 해야 합니다.

끝으로 정정(正定), '바른 마음가짐'입니다.
거의 모두 '바른 집중'으로 설명하고 있습니다. 그런데 뭘, 어디에 집중해야 하는 거죠? 왜 집중해야 하는 걸까요? 집중하면 바르게 갈 수 없고 어느 것에 몰입해서 집중하고 있으면 그것만 보고 있어야 하는데 어떻게 바르게 살 수 있을까요? 바깥에는 천둥 번개 벼락이 치든 말든, 옆집에서 불이 나든 말든 집중만 하고 있으면 바르게 사는 걸까요?

定은, '흔들림 없음'과 '안정됨'을 뜻한다.

어떤 비바람, 유혹, 협박에도 굳건한 바위나 돌기둥처럼 흔들림 없음을 말합니다. 이것을 순수한 우리말로 옮기자면 '바른 마음가짐'이지요. 안정이 안 된 흔들리는 마음 상태는 이 말 들으면 이 말에 휩쓸려가고 저 말 들으면 저 말에 휩쓸려가지요. 그러므로 '정정'은 여기저기 휩쓸려가지 않는 굳건한 바른 마음가짐을 뜻합니다.
그럼 어디에 어떻게 써야 하는 게 바른 마음가짐일까요?
마찬가지로 사람들에게 써야 하며, 탐진치는 내가 아님(非我)을 알고, 탐진치로 한 말과 행동은 쓸모없는 것(無常)으로 알며, 괴롭고 나쁜 것 (苦)이라는 걸 앎에 있어 흔들림 없이 두 가지 치우친 길을 집착하지 않는 게 바로 '바른 마음가짐'입니다.

여덟 가지 바른길, 곧 팔정도는 사람과 사람 세상에서 쓰는 것으로, 몸(身)과 말(口), 생각(意)의 행위로 이어지는 것들입니다. 그러므로 어느 것 한 가지도 빠트리면 안 되고 어느 것 하나 중요하지 않은 것이 없습니다. 마치 바큇살이 빠진 바퀴는 온전히 굴러갈 수 없는 것처럼, 가장 기본으로 중요한 것은 '바름(正)'입니다.

붓다는, '바름(삼마:sammā)이라는 진리를 스스로(삼:sam) 깨달아 아신
분(붓다:buddha)'

불교도가 아니더라도 만약 절에 간다면, 또는 사람의 길, 지혜로운 삶을 살고자 한다면 담마(법:가르침)에 대해 자꾸 물어야 합니다. 면벽참선(面壁參禪)하고, 불상(佛象) 앞에서 절하고 염불(念佛)하면서 앉아 있다만 갈 것이 아니라, 끊임없이 내 것이 될 때까지, 바른 앎이 설 때까지 묻고 또 물어야 합니다. 한 번 들었다고 해서 다 알지 못하고 한 번 들었다고 다 이해하지 못합니다. '어, 들어본 것 같은데…', 하지 말고 자꾸 물어야 합니다.

'치우친 길', '바른길', 삼법인(三法印)의 특징

	금욕의 길	탐욕의 길	바른길
아닛짜 (無常: 무상) 특징	六根(눈·귀·코·혀·몸·뜻), 四大(몸의 네 가지 요소(물·불·바람·흙)를 쪼개고 쪼개어 보면서 순간순간 일어나고 사라진다고 한다. 일어나고 사라지고 일어나고 사라지고… 生滅, 生滅 ※ 누구나 알 수 있음	사람을 그저 하나의 덩어리로 봄 나고 늙고 병들고 죽음 ※ 누구나 알 수 있음	사람의 업(業:행위, 짓)을 중요하게 보며, 안 좋은 짓을 함으로 사람이 망가짐 ※ 담마의 이치를 아는 이들만 알 수 있음
둑카 (苦:고) 특징	느낌의 고 안 좋다고 느낌 ※ 고가 뚜렷하지 않음	느낌의 고 나고 늙고 병들고 죽음은 늘 고가 아님 ※ 고가 뚜렷하지 않음	안 좋은 짓으로 삶이 질이 나쁨 ※ 고가 너무도 뚜렷함
아낟따 (非我: 비아) 특징	무엇을 나라고 할 것인가! 나도 너도 사람도 없다. ※ 누구나 알 수 없고, 깊은 선정에 들 수 있는 사람만 알 수 있음	나면 반드시 죽는다. ※ 사람마다 알 수 있음	안 좋은 짓은 쓸모없음. 사람 노릇 못함. 사람 축에 못 안 든다고 봄 ※ 사람과 업을 구분해서 볼 줄 아는 이들만 알 수 있음
비교	※ 붓다는 물론 보통 사람도 삼법인(무상·고·비아)은 알 수 있으나 낄레사(탐진치·번뇌)는 없앨 수 없다. 그리고 고가 뚜렷하지 않다.	※ 붓다는 물론 보통 사람도 삼법인(무상·고·비아)은 알 수 있으나 낄레사는 없앨 수 없다. 그리고 고가 뚜렷하지 않다.	※ 업을 보면 덕스러운지 덕스럽지 않은지 알 수 있다. 낄레사가 없으면 붓다와 같아질 수 있다.

'바름'의 잣대

바름은 '사람과 사람 사이에 쓰는 것'으로 사람이 중심이 되는 가르침이고 진리입니다.

진리기에 사람을 떠난 법이 아닙니다. 그러므로 '여덟 가지 바른길' 가운데 특히 세 가지 '바른말', '바른 행동', '바른 표정(기운)'은 '때와 상황, 대상(사람)에 따라 맞게 써야' 합니다.

말이나 행동을 했을 때 나는 물론 너와 우리가 다 이롭겠구나 싶을 때 하는 말(또는 행동)이 '바른말과 행동'입니다. 사실 행동보다 먼저 나오는 게 표정이지요.

'바른말'을 보기로 들자면, 상대방이 무슨 말을 하고 있을 때 먼저 가만히 들어야 합니다. 상대방의 말에 하나하나 반드시 대답해야 한다는 생각의 생각을 하지 말고, 상대방에게 어떤 대답을 듣겠다는 생각의 틀도 깨야 합니다.

그런데 우리는 상대방이 말을 하면 꼭 무슨 말을 해야 할 것 같아 자꾸 무슨 말을 하다가 실수를 하거나 화를 부르는 경우가 있습니다. 그러니 상대방의 말에 반드시 어떤 해답을 주려고 하지 마세요. 말이 말을 낳고 말이 화를 부르는 법이니까요.

상대방이 정말로 무슨 말을 듣고 싶어서 하는 건지 아니면 그냥 쏟아내느라 그러는지를 살펴봐야 합니다. 정말 어떤 말을 듣고 싶고 조언을 구하고 싶어서 그러는 것이라면, 심사숙고(深思熟考)해야겠지요. 생각에 생각을 깊이 한 뒤 대답해야 합니다. 어떤 말을 했을 때 어떤 결과가 올지를 한번 미루어 생각해 보는 겁니다.

보통은 어떤 판단과 결정을 했는데 '안 좋은 소리를 듣겠구나!' 싶으면 안 하지요? 그러나 바른길을 가는 사람은 안 좋은 소리만을 보는 게 아니라, 그 너머까지 보고 모두에게 이로운 결과가 오는 일이면 욕 들을 각오로 말하고 행동합니다. '이 말은 욕을 먹더라도 해야겠구나!'라고 판단하고 결정하면 '내가 맞을 각오 하자. 안 그러면 여러 사람 힘들겠구나!'라고 마음먹으면 두려움이 일지 않습니다.

보통은 '이 말 해봤자 욕먹을 텐데' 하고 욕먹기 싫어서 안 합니다. 누구나 좋은 소리 듣고 싶지, 안 좋은 소리는 듣고 싶지 않으니까요. 그래서 번뇌에 휘둘리는 꼭두각시는 늘 힘듭니다. 칭찬받고 싶은 마음 때문에 힘들고, 참느라 힘들고.

그러나 바른길을 가는 지혜로운 이라면, 내 마음을 상대방이 아닌 내가 먼저 알고 '아, 이런 생각을 하고 있구나!' 상대방의 말을 듣고서 상대방의 행동을 보면서 '이런 마음이 일어났구나!'라고 알아주어야 합니다. '…구나!' 하고, 싫어하고 두려워하고 걱정하는 그 마음 또는 칭찬받으려고 하는 그 마음까지도 알아차림을 해주며 당당하고 떳떳하게 살기에 고통스럽지 않아야 합니다.

힘들고 어렵다고 생각하지만, 자꾸 해 버릇하여 익숙해지면 쉽습니다.

아직 바른 앎이 서지 않아서 힘들고 어렵게 느껴지고 참으려고 하는 것이지, '내 삶'으로 된 뒤에는 하나도 힘들지 않습니다. 이치, 바름으로 생각하고 판단해 버릇하면 불안하고 걱정스럽지도 않고 당당해집니다.

네 가지 진리, 사성제(四聖諦)

사성제(四聖諦)는 빨리어로 **ariyasaccā**(아리야 삿짜)라고 하며
한국불교에서는 '거룩한 네 가지 진리' 또는 '성스러운 네 가지 진리'
라고 한다.
여기서는 '붓다의 진리' 또는 '네 가지 진리', '아리야 삿짜'로 쓴다.
까닭은, 성스럽다 거룩하다는 낱말이 붓다의 가르침을 사람 세상에 가
까이 있는 가르침이 아닌 아득히 먼, 또는 허공의 말씀으로 알게 하기
때문이다.

먼저 '진리가 왜 진리인가!'를 알아야 하겠습니다.
붓다의 담마에는 여섯 가지 공덕이 있습니다. '스스로 보고 알 수 있고,
때와 관계없이 이치를 만날 수 있고, 누구든 와서 보라 할 만하고, 늘 지
닐 수 있고, 보통의 지혜로도 깨달을 수 있으며, 존귀한 분으로부터 잘 설
해진 것'이 담마, 곧 진리입니다.
진리의 기준은 세월이 흘렀다고 해서 바뀌는 것이 아니고, 100년, 200
년, 몇천 년 흘렀다고 해서 바뀌는 게 아니라는 겁니다. 진리의 속성이 그
렇습니다. 한국에서 다르고, 아메리카에서 다르지 않으며 아프리카에서
다르고, 유럽에서 다르지 않으며, 남극에서 다르고 북극에서 다르지 않
다는 것입니다. 때와 곳에 따라 바뀌는 것도 아니고 달라지지도 않는 그
것이 진리입니다.
세상에는 세 가지 진리가 있습니다. '관념의 진리(싸무디야 삿짜)'와

'요소의 진리(빠라마타 삿짜)' 그리고 '붓다의 진리(아리야 삿짜)'입니다.

'관념의 진리'는 이름만 대면 누구나 아는 것, 약속된 것입니다.

사람, 동물, 하늘, 산, 바다, 강, 땅…. 나라에 따라 쓰는 말만 다를 뿐 '그것'이라고 압니다. 바다라고 하고 하늘을 떠올리지 않고, 땅이라고 하고 사람을 떠올리지 않습니다. 이렇게 보편의 관념으로 이름 짓고 그것으로 알게끔 약속된 진리입니다.

'요소의 진리'는 쪼개고 쪼개어 무어라고 이름할 수 없는 것입니다.

'사람'이라고 하지만 몸을 사람이라고 할 것인지, 마음을 사람이라 할 것인지, 몸과 마음을 이루고 있는 불과 물의 요소나 땅과 바람의 요소를 사람이라고 할 것인지, 그저 세포로 이루어진 것일 뿐이고 요소요소로 이루어진 것일 뿐인데 무엇을 사람이라고 할 것인지? 모든 사물을 볼 때 이렇게 쪼개고 분리해서 보는 것, 또한 진리입니다. 한순간도 머물지 않고 바뀌어 가고 있기에 '자연의 진리'라고도 합니다.

'붓다의 진리'는 곧 붓다가 설하신 진리로써 사람과 사람 세상에서 필요한, 고를 소멸하는 길을 일러준, 업과 업의 원인과 과보를 설명하는 진리입니다.

붓다의 가르침을 '담마'라고 하며, 담마는 '사람의 길'을 일러줍니다. 짐승의 길이 아닌 사람의 길, 욕망에 끌려가지 않고 금욕이나 고행을 하는 삶에 치우치지 않는 길, 여덟 가지 '바른길'이 들어있는 '네 가지 진리' 곧 사성제라고도 합니다.

이 네 가지 진리는 사람들에게 꼭 필요한 양식과도 같습니다. 사람은 저 홀로 살 수 없습니다. 부모를 의지해 태어나 가족 속에서 성장하고 사회로 나가 사람 세상 사람들 속에서 사람과 더불어 살아갑니다. 그런데 피를 나눈 가족이라고 해도 서로 불편(苦)하고 괴로운 사이가 되곤 합니다. 심한 가족은 원수처럼 지내기도 하지요. 가족은 물론 사람들과의 불편함을 풀어내는 한편 잘 지내는 방법이 필요합니다. '네 가지 진리'에는 그 방법인 '사람의 길'이 들어 있습니다.

①괴로움(苦諦)과 ②괴로움이 생기는 까닭(集諦) ③괴로움이 사라짐(滅諦)과 ④괴로움이 사라짐으로 가는 길(道諦)을 펴 보이고 있거든요. 그래서 '괴로움은 알아야 할 것'이고, '괴로움이 생기는 까닭은 없애야 할 것'이고, '괴로움이 사라짐은 이루어야 할 것'이고, '괴로움이 사라짐으로 가는 길은 가야 하는 것'으로 알아야 합니다.

고제 (괴로움)	집제 (괴로움이 생기는 까닭)	멸제 (괴로움이 사라짐)	도제 (괴로움이 사라짐으로 가는 길)
알아야 할 것	없애야 할 것	이루어야 할 것	가야 할 것

여기서 도제, '괴로움이 사라짐으로 가는 길'은 앞에서 설명한 중도(팔정도)이므로 설명하지 않고 고제, 집제, 멸제만 설명하도록 하겠습니다.

사문들이여,

태어남이 괴로움이고, 늙음이 괴로움이며, 병듦이 괴로움이고, 죽음도 괴로움이오.

좋아하지 않는 것과 만남이 곧 괴로움이고, 좋아하는 것과 만나지 못하는 것도 괴로움이며, 원하는 것을, 얻지 못하는 것이 괴로움이며, 간추려 말하면 '집착으로 생긴 다섯 무더기'가 곧 괴로움이며, 이것이 첫 번째 진리 – '괴로움'이오.

고제(苦諦)와 오취온(五取蘊) = 사고(四苦)팔고(八苦)

'네 가지 진리'에는 '괴로움'이라는 말이 반드시 들어가 있으며, 첫 번째 진리 고제는 빨리어로 '둑카 아리야 삿짜(dukkha-ariyasaccā)'라고 합니다. dukkha와 ariyasaccā를 붙여 쓰는 말이며, 우리말로 하면 '괴로움이라는 거룩한 진리'가 됩니다.

하고 많은 것 가운데, 괴로움이 왜? 어째서 괴로움이 진리일까요? 차근차근 알아가 보겠습니다.

'괴로움'을 한자로는 苦, 빨리어로는 dukkha라고 합니다.

한자 苦의 뜻을 사전에서 찾아보면, '몸이나 마음이 견디기 어려울 만큼 불편하거나 고통스러운 상태.(다음)' '몸이나 마음이 편하지 않고 고통스러운 상태 또는 그런 느낌.(네이버)'이라고 되어있고, 빨리어에는 두 가지 뜻이 들어있다고 합니다. du+khama 낱말에는 '나쁘다' '좋지 않다'라는 뜻이 있고, du+kara에는 '참다' '견디다'라는 뜻이 있는데 결론은 '괴로운 상태'라고 봐야 하겠지요?

고가 오는 까닭은 모두 네 가지입니다. 마음으로 오는 苦, 날씨로 오는 苦, 영양으로 오는 苦, 업(행위 : 짓)으로 오는 苦입니다.

먼저 날씨로 오는 苦를 볼까요? 폭서(暴暑)나 폭염(暴炎)의 찜통더위로 오는 고통인데 심하면 더위병(日射病)에 걸리기도 합니다. 반대로 혹한(酷寒), 엄청 추워 물을 쏟으면 바로 얼어버리는 날씨도 고통스럽긴 마찬가지죠. 심하면 동상(凍傷)에 걸리고 더 심하면 동상이 걸린 데가 썩어 들어가기도 합니다. 너무 덥거나 너무 추운 날씨는 사람들을 고통스럽게 합니다.

그러나 날씨가 바뀌거나 조건을 맞춰주면 소멸합니다. 너무 더울 때 그늘로 피하거나 바람이 불어 주면 괴롭지 않죠. 말하자면 시원하게 해주면 괴로움이 가십니다. 마찬가지로 너무 추울 때는 따뜻하게 해주면 괴로움이 사라집니다.

영양으로 오는 괴로움은 뭐가 있을까요? 비타민이 모자라거나, 먹을 게 귀하던 때는 영양실조는 물론이고 굶어 죽는 일도 있었지요. 반면 요즘은 너무 과하게 먹어서 영양이 넘쳐 병이 생기거나 비만으로 힘들어 하는 이들이 많습니다. 어쨌거나 이 또한 조건을 맞추어 주면 해결됩니다.

마음, 하루에도 열두 번 아니 순간순간 일어나는 마음, 뭔가 마음에 안 들고 마음에 맞지 않아서 오는 괴로움 또한 상황이나 대상, 조건이 바뀌면 해결되는 괴로움입니다. 조건만 바뀌면 계속 이어지지 않습니다.

그럼, 업으로 오는 괴로움이란 뭘까요? 붓다께서는 앞의 세 가지 괴로움의 원인보다도 진짜 중요하게 알아야 할 괴로움은 업(業)으로 오는 괴로움, 苦라고 하셨습니다. 먼저 사고팔고를 살펴보도록 하겠습니다.

처음 설하신 말씀에는 모두 여덟 가지의 괴로움이 나오는데, 바탕 되는 괴로움을 사고(四苦)라고 하고, 넷을 더해 팔고(八苦)라고 합니다.

인간들은 사고팔고 지옥 속을 늘 순간순간 들락거리며 살고 있다고 해도 지나친 말이 아닐 겁니다. 그럼 이 사고팔고는 어떤 상태의 괴로움을 뜻하는 걸까요?

사고란 생노병사(生老病死)이고, 팔고란 생노병사에 애별리고(愛別離苦) 원증회고(怨憎會苦) 구부득고(求不得苦) 오온성고(五蘊成苦)를 더한 것입니다.

사람들이 괴롭다, 힘들다 하는 걸 가만히 들여다보면 거의 사고랑 팔고 때문입니다. 그러면서 세상은 본디 苦라서 괴로운 거라고 합니다. 정말 그럴지도 모르지요. 꼽아 보면 괴로운 것들이 너무 많으니까요. 그런데 고는 언제 오는지, 어떻게 할 때 괴로운지 살펴보신 적 있으신가요?

생노병사가 고라는 건, 엄마 뱃속에서 응애~하고 태어남을 가리킨 게 아닙니다. 아침에 눈을 뜨고 의식이 다시 깨어나는 것도 生인데 이게 왜 苦인가? 붓다께서 말씀하신 생·노·병·사의 뜻은, 우리 인간은 순간순간 업에 따라 꼭두각시로 나고 죽고 나고 죽는다는 걸 말씀하신 겁니다. 하루에도 열두 번씩 아니 수십 번 수백 번 꼭두각시로 나고 죽고 나고 죽고 합니다. 정확하게 말하면 사람이었다가 꼭두각시였다가를 되풀이하고 있다는 겁니다.

업이 만드는 꼭두각시란 무슨 뜻일까요?

이를테면, 욕심이 일어났습니다. 알아차림을 하면 도제(道諦)가 되는 건데 알아차림이 안 되고, 알아차림을 못하는 가운데 탐욕의 불꽃이 강하게 일어나면 말이나 행동으로 옮겨집니다.

우리 인간에게는 오욕(五慾)이 있다고 하지요? 식욕(食慾), 성욕(性慾), 수면욕(睡眠欲), 재물욕(財物慾), 명예욕(名譽慾). 꼭두각시란 이 다섯 가지 욕망에 부림을 당해 놀아나는 것과 다름없습니다.

말하자면 탐진치 번뇌에 부림을 당하면서 번뇌가 시키는 대로 하는 것이지요. 한 가지 보기로 들자면, 본능욕(本能慾)이라고 하는 성욕이 일어났는데 '아, 성욕이 일어났구나!'로 꿰뚫어 알아차림을 하면 불씨가 꺼집니다. (불씨를) 꺼트리지 못하고 활활 타도록 두면 어떻게 될까요? 아주 강하면 남의 여자(또는 남자)라도 때와 곳을 가리지 않고 성추행 또는 성폭행을 저지릅니다.

그런데 이 성욕이 365일 계속 왕성하게 있지는 않죠? 사그라듭니다. 노사(늙고 죽음)가 되는 거죠. 욕망이 성할 때의 느낌은 즐겁다고 합니다. 그러나 꺼져갈 때는 즐겁지 않습니다. 괴롭고 슬픕니다.

업으로 오는 괴로움을 더 살펴본다면, 담배를 너무나 좋아하는 이가 있습니다. 너무 좋아서 끊을 수 없을 정도인데, 가족들과 의사는 자꾸 끊으라고 합니다. 너무너무 좋아서 끊기 싫고 너무나 익숙해져서 끊을 수 없는데, 건강 때문에 끊을 수밖에 없는 상황이 되었습니다. 금단현상이 온다지요? 좋아하는 것을 못하게 되는 게 애별리고입니다.

반면 너무너무 싫은 음식이 있는데 건강에 좋다고 또는 병이 낫는다고 먹으라고 합니다. 공부하기 싫은 데 나중에 잘 살려면 공부해야 한다며

몰아붙입니다. 하고 싶지 않은 일인데 돈을 벌려면 해야 한답니다. 그렇듯 너무 싫은데 먹어야 하고 해야 하고 만나야 하는 괴로움, 원증회고입니다. 또는 가고 싶고, 먹고 싶고, 보고 싶고, 사고 싶은데 그렇게 되질 않습니다. 구부득고입니다. 이런 식으로 우리는 늘 삶 속에서 고를 받고 있습니다.

사람으로만 봐도 그렇습니다. 좋아하고 사랑하는 사람과 만나고 싶고 헤어지기 싫은데 만날 수도 없고 헤어져야 합니다. 애별리고죠. 원수와 같은 이를 만나야 할 때도 있고, 직장에서 너무나 보기 싫은 이가 있어요. 제발 얼굴 좀 안 보면 좋겠는데 날마다 봐야 해요. 게다가 상사라면 어떠하겠어요. 원증회고죠. 승진도 하고 싶고 좋은 차도 타고 싶고 집도 갖고 싶은데 내 능력으로는 안 돼요. 괜히 짜증 나고 살 의욕도 안 나고 괴로워요. 구부득고입니다.

이렇듯 업은 삶 속에서 늘 고를 일으키지만, 고에 중독이 된 듯, 고를 고라고 모르고 오히려 즐거운 것이라고 압니다.

고(苦)가 윤회(輪廻)하는, 곧 괴로움이 돌고 도는 게 끊임이 없는 상태를 붓다께서는 번뇌에 물든 다섯 무더기, 곧 오취온(五取蘊)이라고 하셨습니다.

사람과 꼭두각시

사람은 번뇌로 물든 잘못된 짓(업, 행위)을 하지 않는 상태고,
꼭두각시는 '망석중'이며 '아바타'며 '마리오네트'나 마찬가지다.
말하자면, 탐진치 번뇌가 시키는 대로 놀아나 잘못된 짓을 한 상태, 곧

오취온 상태를 뜻한다.

괴로움의 원인이 되는 번뇌, 곧 탐진치 낄레사의 말과 행동이 원인이 되어 여러 가지 모양의 꼭두각시로 번갈아 났다가 사라지는 것이다.

바깥에서 들어온 바이러스 낄레사가 주인 노릇을 하려고 몸과 마음을 조종하고 부리면서 아바타로 만드는 것이다. 낄레사가 조종하는 대로 움직이는 마리오네트나 마찬가지다. 오취온은 꼭두각시지 사람이 아니다.

오취온은 꼭두각시

불교 말에는 '오온(五蘊:색·수·상·행·식이라는 다섯 무더기)'이라는 말이 있는데, 풀어 말하면 '다섯(五) 무더기(蘊)'라는 뜻으로 어려울 게 없습니다. 한마디로 말하면 몸뚱이와 정신(마음)이라는 뜻이니까요. 사람이면 누구나 정신과 몸뚱이를 가지고 있습니다. 태어날 때부터 누구나 갖추고 태어났으니까요. 청각장애인이든 시각장애인이든 다리나 팔이 없는 장애인이든 비장애인이든 누구에게나 있습니다. 불편함을 주는 장애가 있을 뿐이지 몸뚱이와 마음은 온전히 있습니다. 엄마 배 속에서 태어날 때 순수의 몸뚱이와 마음(정신)은 누구나, 사람이라면 어른이고 아이든 여자든 남자든 누구나 있다는 겁니다.

많은 이들이(법사, 불교학자) 오온을 설명하면서 오온을 없애라고 합니다. 그러나 오온은 없애는 게 아닙니다. 없앨 수도 없고요. 오온은 우리의 몸뚱이와 정신·마음 작용으로, 색(色)은 몸뚱이, 수(受)는 느낌, 상(想)

은 기억, 행(行)은 생각, 식(識)은 앎이라는 마음 작용입니다.

이 다섯 무더기가 욕심, 성냄, 어리석음(탐진치)에 놀아나면 '오취온'이 됩니다. 다시 말해 오취온 몸뚱이, 오취온 느낌, 오취온 기억, 오취온 생각, 오취온 앎인 거죠. 다른 말로는 꼭두각시입니다.

여기서 중요한 게 '느낌 무더기'이며, 이 느낌에는 세 가지가 있죠. 좋은 느낌, 안 좋은 느낌, 좋지도 안 좋지도 않은 덤덤한 느낌입니다. 기후나 영양 그리고 마음으로 오는 괴로움은 확실히 안 좋은 느낌들이 맞습니다.

그렇다면 좋은 느낌이나 덤덤한 느낌은 어떨 때 오는 걸까요?

탐진치 번뇌에 놀아나 '오취온'을 '나'라고 착각하게 만들고 '내 느낌' '내 기억' '내 생각' '내 앎'이라고 집착하게 만들고, 잘못된 짓을 저지르게 하는데, 문제는 잘못된 짓을 저지를 때 즐겁다, 좋다, 짜릿하다 같은 느낌이 저장됩니다.

업으로 오는 괴로움의 특징은 짓을 하는 동안 '즐겁다, 좋다, 짜릿하다'라고 느낄 확률이 높다는 것입니다.

문제는, 느낌은 즐겁고 좋고 짜릿했으나 결과도 그럴까요? '결과는 괴로움이라는 과보(果報)'가 따릅니다. 이것이 '업으로 오는 괴로움'입니다.

'번뇌에 놀아나고 휘둘린 잘못된 느낌과 기억·생각·앎'인 줄 모르고 (몸뚱이로) 잘못된 짓, 업을 지으면 괴로움이라는 과보 곧 꼭두각시가 된다는 사실입니다. 다시 말하면, 오취온으로 짓는 업은 괴로움이라는 과보가 따르는데 그 과보를 받은 상태는 꼭두각시입니다.

오취온의 느낌, 기억, 생각, 앎이 잘못된 업을 짓습니다. 빗대어 말하자면 오온의 몸뚱이는 자동차고 정신(느낌, 기억, 생각, 앎)은 운전사인 셈이지요. 차가 아무리 좋아도 운전자가 바른 판단을 할 수 없으면 그 차는 얼마 못 가 망가지기 쉽겠지요? 마음이 떠난 몸뚱이는 썩은 나무토막 같듯이, 마음이 건강하지 않으면 몸뚱이 또한 그렇습니다.

다시 정리하자면, '사람은 몸뚱이와 정신으로 이루어졌으며, 정신은 느낌, 기억, 생각, 앎으로 이루어졌고, 이 정신작용 가운데 느낌이 번뇌(낄레사)로 저장되어 다시 몸을 움직여 잘못된 짓을 하게 한다. 그런 까닭으로 괴로움이라는 과보를 받게 한다'라고 알아야 합니다.

그러므로 우리는 이 오취온을 빼야 합니다. 어떻게 뺄까요?

여덟 가지 바른길을 감으로써, 바른 알아차림으로 바른말과 행동, 기운을 쓰면서 빼야 합니다. 오취온에서 벗어나야 하니까요. 그럼 아기 때처럼 오온으로 가는 것인가? 아닙니다. 아기 때로 돌아갈 수는 없고, 오불취온(五不取蘊)이 되는 겁니다. '오취온이 안 되게끔 순간순간 알아차림 하도록' 마음에 '쎄콤'을 설치해 두어야 합니다.

또다시 잘못된 업을 짓게 하고, 욕망의 좋아함과 함께 하며,
이런저런 잘못된 업을 짓도록 강하게 일어나는 목마름이 있다오.

바깥 대상과 함께 '감각의 즐거움을 얻으려는 목마름(欲界 삶)'이고,

'대상을 물질로만 보려는 목마름(色界 삶)'이며,

'물질도 정신도 없는 것으로 보려는 목마름(無色界 삶)'이오.

이것이 '두 번째 진리 – 괴로움이 일어나는 까닭'이라오.

목마름이 욕망하는 삶은 세 가지

'괴로움이 일어나는 까닭'은 빨리어 둑카(dukkha:괴로움) + 사무다야(samudtaya:모으다) 라는 말을 옮긴 말입니다. 한국불교에서는 '갈애(渴愛)라고 합니다. 그런데 붓다께서는 왜 이렇게 보신 걸까요?

먼저 목마름이라는 말을 눈여겨보아야 합니다. 목마름은 빨리어로 딴하(taṇhā)라고 하는데 딴하의 종류는 모두 세 가지입니다.

까마 딴하(kāma-taṇhā), 바와 딴하(bhava-taṇhā), 위바와 딴하(vibhava-taṇhā)입니다.

까마 딴하는 욕계(欲界)의 목마름으로 욕망의 세상(또는 세계), 하고자 하는 마음으로 감각의 즐거움만 얻으려는 목마름입니다. 보고 싶다, 가고 싶다, 갖고 싶다, 사고 싶다, 먹고 싶다, 듣고 싶다, 입고 싶다, 타고 싶다… 무엇무엇 ~고 싶다 하는 그것을 목마름이라고 합니다. 눈·귀·코·혀·몸·앎의 여섯 감각 기관이 다섯 가지 즐거움, 먹을 것(食)·성(性)·수면(睡眠)·명예(名譽)·재물(財物)을 쫓는 것, 그 대상을 좋아하고 목말라하고 집착하며 벗어날 수 없도록 하는 것입니다. 다시 말해 여섯 감각 기관이 어떤 물질을 대상으로 욕망하고 목말라하는 것을 '까마 딴하'라고 합니다.

먹고 자고 번식하려는 것은 본능욕(本能欲)이라서 다른 동물들 그러니까 짐승들도 가지고 있다고 하죠. 그러나 인간은 다른 동물들과는 다릅니다.

음식은 배고픔과 굶주림에서 벗어나게 해주는 것이며 몸을 이롭게 하는 에너지원일 뿐이기에 다른 동물들은 배가 고파야 먹고 배부르면 한톨도 더 안 먹습니다. 그러나 인간은 배가 불러도 더 먹거나 아예 안 먹거나(금욕수행자) 부드럽고 달콤하고 매콤하고 새콤하고 쌉싸름하고 고소하고 톡 쏘고 바삭하고 촉촉하고 쫄깃하고 시원하고 뜨겁고 아삭하고…, 온갖 조건을 붙여가며 맛있는 것을 찾아다닙니다.

잠도 마찬가지로 다른 동물들은 딱 필요한 만큼 자고 잠자리를 더 부드럽도록 애쓰거나 괴로워하지 않지요. 그러나 인간은 필요한 만큼 자거나 안 자거나(금욕수행자) 더 부드러워야 하고 푹신해야 하고 포근하고 편안해야 하고 전망이 좋아야 하고 조용해야 하고…, 라며 온갖 구실을 붙여 잠자리까지 따집니다.

성욕, 사실 성욕이라 할 수 없을 만큼 다른 동물들은 번식하기 위해 짝짓기를 하지 시도 때도 없이 아무 때나 짝짓기하려고 하지 않습니다.

그런데다 다른 동물에게는 없는 欲이 두 가지나 더 있지요. 명예욕과 재물욕입니다.

앞의 세 가지 욕망이 눈과 코·입·몸·앎이 더 목말라하는 것들이라면 명예욕은 귀와 앎이 더 목말라하는 것들이겠네요. 다른 동물들에게는 없는 명예욕은 인간만이 가지고 있는 것으로 더 좋은 소리, 인정받는 소리, 칭찬받는 소리, 박수 소리, 열광하는 소리를 목말라합니다. 누구나 다가지고 있지만, 더 강하게 목말라하는 인간들을 꼽자면 정치꾼들과 연예인들이 아닐까 싶습니다. 그들은 자신을 찾지 않으면 우울해진다고 합니다. 안 좋은 댓글(악플)이라도 받지 않으면 존재감을 느끼지 못해 우울증이 심해진다고 합니다.

재물욕도 마찬가집니다. 다른 동물에게는 없는 欲으로 바닷물을 마시는 것같이 한없고 끝없이 목말라하며 채워지지 않으면 사람을 해치는 짓도 서슴지 않습니다.

'바와 딴하'는 무슨 뜻일까요? 바와(bhava)는 '삶' 또는 '행위'를 뜻합니다. 뭔가 이상하지요? 까마(욕계)도 삶 또는 행위로 살아가는 세상이니 바와고, 루빠(색계)와 아루빠(무색계)로 '바와'인데 까마라고 하면서 왜 루빠와 아루빠는 바와와 위바와를 쓰는 걸까요? 왜냐하면 대상이 아닌 삶을 탐하기 때문입니다. 어떤 삶일까요?

먼저 '색'이라는 글자를 살펴보겠습니다. 색은 빨리어로는 '루빠(rupa)'고, 한자로는 色이라고 쓰는데 빛깔을 뜻하는 게 아니라 (불교에서는) '물질'이라는 뜻으로 씁니다.

그러니까 '대상을 물질로만 보려는 바와 딴하'는 세상의 모든 걸 물질로만 보려는 '루빠의 삶을 목말라하는 것'입니다. '루빠의 삶을 목말라하는 이'의 마음이 될 때 사람은 사람이 아닌 인형처럼 활기가 없습니다. 자식이나 아내(또는 남편)도 물질로만 보니까, 아들이나 아내로서 주어야 할 정도 없고 대상에 맞는 반응이나 태도를 보이지도 않습니다.

보이면 보이는 순간에 멈추고, 들림, 맡음, 먹음, 닿는 그 순간에 멈추어야 한다고 곰곰이 생각해서 행동(수행)하는데, 이렇게 하는 까닭은 물질 안에 들어있는 그 성질이 들어오지 못하도록 하는 겁니다. 생각이 일어나지 않으면 대상을 받아들이는 기관에서 드러나는 대상들을 그냥 물질로만 받아들이기 때문이지요.

그리고는 대상을 받아들이는 코나 혀, 살갗과 같은 감각 기관들도 제대로 일하지 못하도록 합니다. 코는 냄새나 향을, 혀는 맛, 살갗은 닿는 걸 통해 좋다 싫다 하는 게 마땅한 데, 바와 딴하는 반응을 안 합니다. 좋은지 이로운지 해로운지 흠이 있는지조차도 분별하려 하지 않는 것이지요. '생각이 일어나는 건 안 좋은 것'이라고만 압니다.

다시 말해 어떤 개념이나 가치를 중요하게 생각하지 않습니다. 앞에서 말한 까마의 삶(욕망의 삶)을 하찮은 삶, 저열한 삶, 번잡한 삶으로 보고 대상에 의미나 가치를 두지 않으며 까마의 삶을 싫어하고 억누르며 그저 물질일 뿐으로 보려고 하는 삶, 사람을 볼 때도 이로운 사람인가 해로운 사람인가를 따지지 않고 그저 다 같은 똥주머니일 뿐이라고 보려는 삶, 그것이 참된 삶이라고 여기고 고귀한 삶으로 여기는, 삶 자체를 목말라하는 것을 바와 딴하라고 합니다.

한술 더 떠 '물질도 정신도 없다고 보려는 삶'이 있습니다. 바로 위바와 딴하(vibhava-taṇhā)입니다. rupa 앞에 a를 붙이면 '아님', '없음'의 뜻이 됩니다. 마찬가지로 vi도 그런 의미입니다. 까마의 삶이나 루빠의 삶은 하찮고 저열하고 번잡한 삶이며 어떤 대상이든 의미나 가치를 두지 않는 것은 물론이고 어떤 대상이든 요소요소 해체해서 물질도 정신도 없고 공(空)할 뿐이다라고 보려는 삶입니다.

사람을 사람이라고 할 그 무엇이 없다, 몸뚱이가 사람인가 이름이 사람인가 눈코입이 사람인가 피와 고름이 사람인가 흙의 요소와 물의 요소, 불의 요소, 바람의 요소인 지수화풍(地水火風)으로 이루어졌을 뿐이고 흩어지면 그뿐 실체가 없다고 보는 삶입니다.

루빠의 삶과 아루빠의 삶을 다른 말로 흔히들 수행이라고 합니다. 더 정확히 말하자면 치우친 길 가운데 금욕의 길인 고행입니다. 루빠의 삶이 되기 위해서는 마음을 어느 대상 한곳에 묶어두고 보는 훈련을 해야 합니다.

대상을 한 곳에 묶어두고 보는 훈련 가운데 보기를 몇 가지 들자면 땅, 물, 불, 바람, 푸른빛, 노란빛, 빨간빛, 흰빛, 밝은 빛, 허공 가운데 한 가지를 골라 앉으나 서나 바라보다가 눈을 감아도 그것만 보이는 훈련이지요. 또 열 가지 더러움(不淨, asubha)이라고 하여 죽은 이의 몸, 그러니까 시체가 변해가는 과정을 관찰하면서 몸뚱이에 집착하지 않기 위해 이 몸을 더러운 것으로 보는 훈련을 합니다. 부풀어 오른 모습, 검푸르게 바뀌는 모습, 문드러지는 모습, 몸뚱이가 두세 동강으로 끊어진 모습, 들짐승들에게 갉아 먹히고 파먹히는 모습, 팔다리가 흩어진 모습, 난도질당해 뿔뿔이 흩어진 모습, 피고름이 흐르는 모습, 구더기가 바글거리는 모습, 해골만 남은 모습을 지켜보는 훈련을 하면서 이 몸은 사랑하고 아낄 필요가 없다고 아는 것입니다.

어쨌든 이렇게 앉으나 서나 오로지 그것만 집중하여 보거나, 불보살님의 이름만 끊임없이 집중해서 쉼 없이 부르다 보면 어느 순간 대상과 하나가 됩니다. 대상과 하나가 되는 순간 욕망이 사라졌다고 믿게 되고 마치 욕망의 삶에서 벗어난 듯 착각하게 됩니다.

마찬가지로 아루빠의 삶이 되기 위해서 마음을 한곳에 묶어 두고 집중해서 보다 보면 어느 순간 대상이 사라집니다. 대상도 사라지고 대상을 보고 있는 자신도 사라집니다. 아무것도 없음을 체험하는 것이지요. 체험 단계로는 ①대상들이 일어남을 보고, ②일어나는 대상들에 싫증이 나는 것을 알고, ③대상이 사라져 버림을 보며 고정된 실체는 없다고 압니다.

루빠와 아루빠의 삶(금욕의 길)의 체험은 저마다 다르기에 무엇이 맞다 틀리다 할 수 없습니다만 결론은 같습니다. 대상과 하나가 되거나 대상이 사라지거나 하는 것이지요.

그런 체험을 자주자주 하거나 쭉- 이어지면 마음의 평온을 얻는데 그 평온이 깨지면 괴로워합니다. 또다시 그 평온을 얻고 싶어 목마름이 일어납니다.

집중된 상태를 선정 또는 삼매에 들었다고 하는데요. 이 삼매 상태로 사는 수행자도 있다고 합니다. 미얀마에 전해져 내려오는 이야기가 있습니다. 만달레이 쪽에 아주 이름난 승려가 있었답니다. 그 승려는 선정의 힘이 아주 뛰어나 땅을 딛지 않고 늘 날아다닌다는 소문이 양곤에 있는 왕의 귀에까지 들려왔고, 왕은 그 승려를 훌륭하게 여기어 초청하여 공양을 올리기로 했다네요. 초청을 받은 승려는 휘익- 날아서 왕궁으로 들어갔는데 그만 잘못 들어가 왕비의 처소로 들어가고 말았다네요. 그

때 왕비는 승려를 친견하기 전 단장을 하기 위해 목욕을하고 나왔는데 졸음이 사르르 와서 잠깐 의자에 눕는다는 게 그만 잠이 들었고, 하필이면 목욕하고 갈아입은 치마가 비스듬히 흘러내려 젖가슴이 드러나 있는 상태였다는 거예요. 잘못 날아들어 간 방이 왕비의 방인 것도 당혹스러운데, 어여쁜 왕비가 젖가슴을 다 내놓은 채 자는 걸 보자 그만 선정이 깨져버린 겁니다. 공양이고 뭐고 쫓겨났는데 날지 못하고 걸어 나갔다는….

위빠사나 수행을 하는 미얀마 스님들이 선정(싸마타) 수행을 낮은 단계로 여기게끔 하는 이야기이긴 하지만 생각할 게 있는 이야기지요.

어쨌든, 혼자만의 평온을 목말라하며 루빠의 삶이나 아루빠의 삶을 좇는 건 치우친 길이라고 붓다께서는 말씀하셨다는 겁니다.

그러니까 '까마의 삶과 루빠의 삶, 아루빠의 삶을 목말라 하는 것만을 목마름(딴하, 갈애)'이라고 하지, 살아가는 데 '꼭 필요한 것을 가지는 일은 목마름이라고 할 수 없다'는 겁니다.

사람은 먹어야 하고, 입어야 하고 살 곳이 있어야 하지요. 쉽게 말해 먹고 입고 살 집을 마련하기 위해 땀 흘리며 돈을 버는 일은 욕망이 아닙니다. 배가 고파 허기를 채우는 일로 필요한 만큼 먹는 일이나 추위나 몸을 가리기 위해 옷을 사서 입고 위험으로부터 지켜줄 집을 사는 일, 건강을 위해 건강해지기 위해 노력하는 일, 좀 더 나은 환경을 위해 일하는 건 욕망이 아니라는 거죠.

	까마의 삶(탐욕의 길)	루빠 · 아루빠의 삶(금욕의 길)	
특징	대상을 보면서 감각의 즐거움을 찾는다.	대상을 물질로만 본다.	물질 · 대상을 아무것도 없는 것으로 본다.
삶의 형태	욕망하고 목말라하는 것들을 갖기 위해 애쓴다.	욕망을 억누르고 없애기 위해 마음을 한곳에 붙들어 두며 그저 물질일 뿐으로 보려고 애쓴다.	욕망을 없애기 위해 모든 대상을 근본 요소로 쪼개어 보고, 근본 요소의 생멸을 관찰하고, 근본 요소의 생멸을 싫어하며 마침내 근본 요소의 생멸이 사라짐을 보려고 애쓴다.
흠	욕망하고 목말라하는 것을 가지기 위해 쉼 없는 노력을 하고, 가졌어도 만족이 오래가지 않고 싫증을 내거나 더 좋은 걸 갖고 싶어 애를 쓰게 된다. 바닷물을 마시는 것처럼, 가질수록 목마름이 심해지며 끝내는 탐진치의 노예가 되어 만족을 모르게 된다. 욕망하고 목말라하는 것을 가지기 위해 쉼 없는 노력을 하고, 가졌어도 만족이 오래가지 않고 싫증을 내거나 더 좋은 걸 갖고 싶어 애를 쓰게 된다. 바닷물을 마시는 것처럼, 가질수록 목마름이 심해지며 끝내는 탐진치의 노예가 되어 만족을 모르게 된다.	욕망의 삶을 하찮게 여겨 욕망을 억누르거나 없애기 위해 애를 쓰다 보면 바람직한 인간관계를 할 수 없게 되어 인간관계가 멀어지며 사람 세상에서 해야 할 사람의 도리를 잃게 된다. 무엇보다도 집중력이 깨지면 평온의 상태가 흐트러지고 깨지면 괴롭다고 여긴다.	

　자신의 욕망을 채우기 위해 그릇된 마음 씀으로 남을 속이거나 협박하면서 뺏고 손해를 끼치거나, 욕망을 채우지 못해 허덕거리고 목말라하면서 건강을 해칠 정도로 애쓰는 것을 목마름이라고 합니다.

그러니 지금 자신이 하는 말과 행동이 나의 건강을 해치거나 다른 사람과의 관계를 불편하게 하면서 하는지 아니면 아무런 불편함이나 목마름 없이 만족하는 가운데 행복한 마음으로 하는지를 늘 순간순간 잘 살펴야 합니다.

세 가지 목마름이 사라지는 모습

사문들이여,
그 '목마름'에 물들지 않고, (목마름이) 남김없이 사라지고,
(목마름을) 버리고, 놓아버리고, (목마름에) 붙잡히지 않고, 벗어나는 것.
이것이 '세 번째 진리 – 괴로움의 사라짐'이라오.

괴로움의 소멸은 멸성제(滅聖諦:dukkha nirodha ariya-saccā)라고 합니다. '괴로움의 사라짐'은 빨리어로 '닙바나Nibbāna', 한국불교에서는 '열반', 산스크리트어로는 '니르바나'라고 합니다. 붓다께서는 목마름(갈애)에 물들지 않고, 목마름이 남김없이 사라지고, 목마름을 버리고, 놓아버리고, 붙잡지 않고 목마름에서 벗어나는 것이 닙바나라고 말씀하십니다.
또 다른 말로는 '둑카-니로다(dukkha-nirodha)'라고 하는데 '둑카(고통)가 사라짐', '번뇌의 불길이 꺼졌다'라는 뜻이 됩니다.

불자(佛子)라면, 궁극의 목표는 닙바나여야 할 것입니다. 승려이거나 재가자거나 불자끼리 흔히들 "성불하세요~"라고 인사를 하는데요. 이 말의 뜻을 직역하자면 "부처를 이루세요~"가 되겠지만 정확하게 말하자면 "닙바나(열반)를 이루세요~"가 됩니다. 그런데 닙바나를 이루라고

하면 "죽으라는 소리냐?"라고 되묻는 이들이 있습니다. 닙바나의 뜻을
잘못 알고 있는 것이지요.

  탐진치(貪瞋癡)라는 번뇌의 불길을 끄라는 말은 교리로만 전하고 있고
전한 당사자도 번뇌의 불길을 끌 엄두를 안 내고 '이-생-망-, 이번 생은
망했어, 틀렸어!' 하면서 다음 생 다음 생 하거나 더 심하게는 억겁이 지
나도 안 될지 모른다고 말하고 있습니다.
  목마름에 물들지 않고, 목마름이 남김없이 사라지고, 목마름을 버리
고, 놓아버리고, 붙잡지 않고 목마름에서 벗어나는 것이 닙바나가 정말
그렇게 이-생-망-일까요? 붓다께서 그렇게 이루기 어려운 것을 '내가
발견했고 내가 갔고 내가 이루었으니 그대들도 가보라. 나는 길을 알려
줄 뿐이다'라며 일러 주셨던 걸까요?
  아닙니다. 붓다께서는 목마름에서 벗어나는 길을 친절히 일러주셨고
충분히 할 수 있습니다. 어떻게 하면 될까요?

  먼저 목마름을 소멸하는 모습은 세 가지가 있습니다.
  ① (잠시) 잠깐 (억눌러) 없앰tadaṅga-pahāna, ② 오랫동안 (억눌러) 없
앰vikkhambana-pahāna, ③ 싹 끊어 없앰samuccheda-pahāna입니다.
목마름이 일어났을 때 '알아차림으로 잠깐 없애는 것'을 '잠깐 없앰'이
라고 할 수 있습니다. 알아차림의 힘이 강하여 '목마름이 일어날 때마다
억누르거나 목마름으로 하는 마음 씀과 말과 행동은 잘못된 업으로 이
어지며 그 결과는 안 좋다고 이치로 생각'한다면 '꽤 오랫동안 없앰'이
됩니다. 그리고 알아차림의 힘도 강하고 지혜가 작용하여 '목마름의 흠

을 낱낱이 꿰뚫어 알고 어떤 협박과 유혹에도 흔들리지 않고 목마름에
붙잡히지 않는다'면 '싹 끊어 없앤 것'이 됩니다.

'목마름을 낱낱이 꿰뚫어 안다'라는 말은 무엇일까요?

목마름의 종류는 세 가지가 있습니다. 먼저 '움직이는 목마름'이라는
뜻의 위 까마 딴하(vitikkama-taṇhā), '일어나는 목마름'이라는 뜻의 빠리
따나 딴하(pariyuttana-taṇhā), '잠자는 (또는 숨은) 목마름'이라는 뜻의 아
누사야 딴하(anusaya-taṇhā)가 그 세 가지입니다.

목마름이 원하는 대상을 만나면 대상을 향해 움직입니다. 바로 말하면
잘못된 짓을 하는 것입니다. 저 앞에서 말했듯이 '~싶은 대상'을 만났으
니 가지(取)려고 행위를 하는 겁니다.

이를테면, 갖고 싶은 물건이 있는데 그 물건을 살 돈이 없으면 살 수 있
는 돈을 모으거나 그 물건이 꼭 필요한 물건인가를 살피고 꼭 필요한 게
아니라면 안 사도 된다고 알아야 할 텐데, 목마름은 어떤 방법을 써서든
가지고자 합니다. 앉으나 서나 그 물건만 떠올리다가 끝내 뺏거나 훔
치기로 합니다. 일어나는 목마름이 작용한 겁니다. '일어나는 목마름'을
알아차림을 해서 억누르면 '억눌러서 없앰'이 됩니다.

그러나 억눌러 없애지 못하면 짓으로 이어집니다. 뺏거나 훔치러 가는
겁니다. '움직이는 목마름'입니다. 움직이는 목마름으로 잘못된 짓, 행
위를 할 때 가지고 싶은 걸 가졌다는 마음이 저장됩니다. 다음에 또 하게
하는 업의 원인 목마름이 되겠지요? 이것을 '잠자는 (또는 숨은) 목마름'
이라고 합니다. 이 '잠자는 목마름'까지 없애야 '싹 다 끊어 없앰'이 됩
니다.

다시 말하자면, 움직이는 목마름은 일어나는 목마름 때문에 생깁니다. 어떤 대상을 보고 일어나는 목마름이 작용한 건데, 멈추지 않으면, 곧 잠시 잠깐이라도 없애지 않으면 움직이는 목마름으로 이어집니다.

누구나 무엇을 갖고 싶다는 마음(일어나는 목마름)은 일어날 수 있습니다. 그러나 그걸 알아차림으로, 목마름에 휘둘려 잘못된 짓을 하면 그 결과가 어떨지 그 흠까지 생각하여 멈추게 해야 합니다.

그렇게 하지 못하면 가지기 위해 '움직이는 목마름'이 행동하니까요. 그리고 일어나는 목마름을 알아차림으로 바른 생각을 해서 멈추는 것도 중요하지만 더 중요한 것은 '잠자는 (숨은) 목마름'을 없애야 진짜로 목마름에서 벗어나는 것이 됩니다.

잠자는 목마름은 대상과 상황을 만나지 않으면 일어나지 않습니다. 쉽게 말하면 갖고 싶은 걸 볼 일이 없거나 가질 때의 상황을 만나지 않으면 일어나지 않아요. 산속이나 명상센터에서 고요하게 살면 만날 일이 없습니다. 평온하기만 하니까요. 마음에서 잠시 잠깐 일어났더라도 알아차림을 하면 잠시 잠깐 없앰이 이어지니까 다 없앤 줄 착각하게 됩니다.

진짜 소멸한 게 아니라면 고요한 곳이 아닌, 대상이 펄떡펄떡 살아 움직이는 곳, 잠자는 목마름이 일어날 환경 조건이 될 수 있는 곳에 가면 잠자는 목마름이 일어나는 목마름으로 바뀌게 될 수도 있습니다.

그러므로 세 가지의 목마름의 특징이나 흠을 낱낱이 꿰뚫어 알아서 어떤 대상이나 어떤 상황을 만나든 잠자는 목마름이 일어나지 않고 움직이지 않는다면 싹 끊어 없앰, 목마름, 갈애에서 벗어남이 되고 남김없이 사라진 게 됩니다. 다시 말해 마침내 닙바나를 이룬 것이지요.

번뇌(낄레사)	업(깜마)	과보(위빳까)
일어나는 목마름(갈애)	움직이는 목마름	잠자는 목마름
그때그때 바로 없애야 한다.	억눌러 없애야 한다.	싹 다 끊어 없애야 한다.

'집착, 갈애, 목마름'이라는 뜻의 딴하(taṇhā) 말고도 다른 말이 있습니다. '라가(rāga)'라고 하는데 뜻을 보면 '탐욕, 물듦, 집착'인데, '라가'는 '물들인다'라는 이름씨 raj에서 나온 것으로 '무엇에 물든다'라는 뜻이라고 볼 수 있습니다. 무엇에 물드는 것일까요? 탐진치라는 뿌리에서 나오는 낄레사(번뇌)라는 것에 물든다는 겁니다.

본디 아무 빛깔이 없는 깨끗한 네모난 천에 까만빛의 더러운 물을 들인다고 해서 천이라는 본질이나 네모난 모양이 달라지지는 않습니다. 그러나 빛깔에 물들이기 전에 쓰이던 용도로는 쓸 수 없습니다. 그런 것처럼 본디 사람인데 낄레사에 물들어 목마름에 집착하는 잘못된 짓을 한다고 사람의 형태가 바뀌는 건 아닙니다. 그러나 오취온인 꼭두각시가 되었기에 세상 사람들에게 바람직하고도 쓸모 있는 이로운 일을 할 수는 없습니다.

그렇다면 이 목마름이나 물듦은 바깥에서 누가 가져다준 것일까요? 조물주나 신(神), 사주나 운명, 귀신이나 마법사가 넣어준 것일까요? 아닙니다. 살아오는 동안 제 몸, 입, 마음이 어떤 짓을 저질렀을 때, 자신이 마음으로, 입으로, 몸으로 지은 업을 바탕으로 생겨난 것입니다. 스스로 원인이 되어 스스로 업을 짓고 스스로 과보까지 받는 것인데, 그 모양이 마치 돌고 도는 쳇바퀴에서 벗어나지 못하고 헐떡이며 뜀박질을 하는 게 주인의 손아귀에서 벗어날 수 없었던 중세시대의 노예와 같습니다.

그럼 끝도 없이 돌고 도는 괴로움이라는 쳇바퀴에서 벗어나지 못하고 죽을 때까지 한평생 그렇게 목마름에 헐떡거리며 살아야 할까요?

그 또한 아닙니다. 소멸해야 합니다. 붓다가 일러주신 길을 따라 목마름과 물듦에서 벗어나야 합니다. 누가 가져다준 게 아니고 스스로에게서 생겨난 것이므로 스스로만이 벗어날 수 있습니다. '괴로움 없어짐'을 붓다는 '떠남(caga), 벗어남(patinissagga), 온전히 벗어남(mutti), 끄달림 없음(analaya)'이라고 하였습니다.

우리는 할 수 있는 한 '잠들어 있거나, 숨어있다가 일어나고 움직이는 목마름에서 완전히 벗어난 상태'인 괴로움 사라짐, 곧 '닙바나(Nibbāna)'를 이루어야 합니다.

닙바나는, '없다, 아니다'라는 뜻의 Ni와 목마름을 뜻하는 말 vana가 더해진 말인데, 풀어 말하면 '목마름이 없다'라는 뜻이 됩니다. 그러니 불자라면 마땅히 '수행의 목표가 닙바나'여야 한다는 것이지요. 죽는 일이 아니라 살아서 이루어야 할 일, 그것이 붓다의 가르침 안에 있는 붓다께서 바라던 일이셨습니다.

닙바나를 이루기 위해 중요하게 알아야 할 세 가지가 있습니다. ①탐진치로 잘못된 업, 하지 말아야 할 업을 짓지 않는 것, ②목마름이 일어나면 끌려가지 말고 사라지게 해야 할 것, ③목마름의 허물을 낱낱이 꿰뚫어 알아 남김없이 끊어내야 할 것. 이렇게 이룬 닙바나는 사람과 사람 사이에서 하면 안 될 잘못된 짓을 하지 않을 수 있는 상태입니다. 걸림 없는 자유의 상태, 괴로움 없는 행복의 상태, 평화로운 상태를 뜻합니다.

다시 말해 이보다 더 자유로울 수 없고 이보다 더 행복할 수 없고 이보다 더 평화로울 수 없는 상태입니다.

사문들이여,
'바른 앎, 바른 생각, 바른말, 바른 행동, 바른 표정, 바른 노력, 바른 마음가짐'은 네 번째 진리 – '괴로움이 사라지도록 이끄는 길'이오.

붓다께서는 괴로움이라는 쳇바퀴에서 벗어날 수 있는 길, 자유롭고 행복하고 평화로울 수 있는 길을 일러주셨습니다. 그 길은 감각의 즐거움을 쫓거나 참거나 몸을 괴롭히는 길에 치우치지 않은 바름이라는 여덟 길, 곧 중도지요. 중도에 대해서는 앞의 설명을 참조하시길 바랍니다.

여덟 바른길에 나타나는 열두 가지 지혜
사문들이여,
'괴로움(苦)이라는 진리구나!'라고 일찍이 한 번도 들어보지 못한 진리에 대해 나는 (지혜로운) 눈이 생겼고, 슬기가 생겼고, 지혜가 생겼고, 꿰뚫어 아는 앎이 생겼고, 빛이 일어났다오. (苦聖諦)
…
사문들이여,
'괴로움이 사라짐으로 이르게 하는 길에 이르렀구나!'라고 일찍이 한 번도 들어보지 못한 진리에 대해 나는 (지혜로운) 눈이 생겼고, 슬기가 생겼고, 지혜가 생겼고, 꿰뚫어 아는 앎이 생겼고, 빛이 일어났다오.

붓다의 열두 가지 지혜, 경전을 보면 같은 말을 세 번씩 하고 있다는 걸 알 수 있습니다.

지금까지 괴로움은 무엇이고 괴로움을 일으키는 까닭은 무엇인지, 괴로움이 사라짐은 무엇인가 하는 진리(바른길) 하나하나를 알아보았는데요. 이렇게 아는 것을 '진리로 아는 지혜(삿짜 냐나 :sacca ñāṇa)'라고 합니다. '삿짜'는 '진리', '냐나'는 '지혜'라는 뜻이므로 '진리로 알은 지혜'가 됩니다.

사실 붓다의 네 가지 진리를 아는 것만으로는 이로움이 없습니다. 네 가지 진리는 무엇을 하는 건지, 왜 무엇을 하기 위해 있는지, 무슨 일을 하는지 알아야 하고 그 쓰임새까지 알아야 합니다.

'네 가지 진리' 하나하나에는 하는 일이 있습니다. 이렇게 아는 것을 '해야 할 바를 아는 지혜(낏사 냐나:kicca-ñāṇa)'라고 합니다. '낏사'는 '해야 할 일, 역할'이라는 뜻입니다. 어떤 일일까요? 알아야 할 일, 없애야 할 일, 이루어야 할 일, 가야(닦음) 할 일입니다.

다시 말해, '괴로움의 진리'는 구분해서 알아야 하는 일이고, '괴로움의 까닭인 진리'는 없애야 하는 일이며, '괴로움이 사라짐의 진리'는 이루어야 하는 일이고, '괴로움이 사라짐의 길 진리'는 반드시 가야 하는 일이 있다는 것입니다.

우리는 지금까지 '붓다의 진리'를 진리로 알았고, 그다음 제가끔 해야 할 일들도 알았습니다. 이렇게 알았으니 그 진리에 맞게 일을 한다면 일이 거의 끝나가겠지요? 마지막의 지혜는 '다 끝났다고 아는 지혜(까따 냐나:kata-ñāṇa)'입니다.

'다 끝났다고 아는 지혜'는 어떤 지혜일까요?
진리인 '괴로움'을 공부하는 이에게는 첫째로 괴로움을 일으키는 '짓을 아는 지혜'가 생깁니다. 둘째로 괴로움은 알아야 한다고 '아는 일의 지혜'가 생기고요. 셋째로 진리 괴로움을 구별해서 알아야 할 일로 구별해서 '알았다고 아는 지혜'가 드러납니다.

다시 말해, 괴로움은 정말 있다고 아는 지혜가 생기고, 나누어 알아야 할 것으로 아는 지혜가 생기며, 낱낱이 꿰뚫어 알았다고 아는 지혜가 생기는 겁니다.

'괴로움의 까닭인 진리'도 마찬가지겠지요?
첫째 괴로움의 '까닭이 정말 있다고 아는 지혜', 둘째 괴로움의 까닭은 '없애야 할 것으로 아는 지혜', 셋째 괴로움의 '까닭을 없앴다고 아는 지혜'가 생기고요.

'괴로움이 사라짐의 진리'도 마찬가지입니다. 첫째 '괴로움이 없어짐은 정말 있다고 아는 지혜', 둘째 괴로움 '없어짐에 이르러야 할 일로 아는 지혜', 셋째 괴로움 '없어짐에 이르렀다고 아는 지혜'가 생깁니다.

'괴로움 사라짐에 이르는 길의 진리'도 마찬가지로 첫째 '괴로움 없어
짐의 길은 정말 있다고 아는 지혜', 둘째 괴로움 없어짐 '길을 가야 할 길
로 아는 지혜', 셋째 괴로움 없어짐 '길에 이르렀다고 아는 지혜'가 바로
'닦아 이루었다고 아는 지혜(까따-냐나:kata-ñāṇa)'입니다.

dukkha- ariyasacca (苦聖諦)'	saccā-ñāṇa : 괴로움을 진리로 아는 지혜
	kicca-ñāṇa : 괴로움을 꿰뚫어 아는 지혜
	kata-ñāṇa : 괴로움을 꿰뚫어 알았다고 아는 지혜
samudaya- ariyasacca (集聖諦)	saccā-ñāṇa : 괴로움이 생기는 까닭이라고 진리로 아는 지혜
	kicca-ñāṇa : 괴로움이 생기는 까닭을 없애야 한다고 아는 지혜
	kata-ñāṇa : 괴로움이 생기는 까닭을 없앴다고 아는 지혜
niroda-ariyasacca (滅聖諦)	saccā-ñāṇa : 괴로움의 사라짐을 진리로 아는 지혜
	kicca-ñāṇa : 괴로움의 사라짐에 이르러야 한다고 아는 지혜
	kata-ñāṇa : 괴로움의 사라짐에 이르렀다고 아는 지혜
Marga-ariyasacca (道聖諦)	saccā-ñāṇa : 괴로움 사라짐으로 가는 길(닦음)이 진리라고 아는 지혜
	kicca-ñāṇa : 괴로움 사라짐으로 가는 길을 가야 한다고 아는 지혜
	kata-ñāṇa : 괴로움 사라짐으로 가는 길을 다 갔다고 아는 지혜

그러니까 '붓다의 네 가지 진리' 하나마다, '정말 있다고 아는 지혜'와 '반드시 해야 할 일로 아는 지혜'와 '완전히 이루었다고 아는 지혜' 세 가지가 있는 것입니다.

진리가 네 가지이고 지혜가 세 가지씩 있으니, 모두 열두 가지 지혜가 있는 셈이지요. 붓다의 진리를 가까이하고 공부하는 이들은 거룩한 진리를 처음부터 끝까지, 지혜 열두 가지가 드러날 때까지 해야합니다.

열두 가지 지혜가 생긴 뒤 붓다가 되다.
사문들이여,
이 '네 가지 진리'에 대해 세 가지씩 열두 가지를,
있는 그대로 알고 봄이 맑고 뚜렷하기 전에는
'나는, 사문─브라만─천신─악마─왕족─일반 사람들 가운데
으뜸가는 지혜를 스스로 깨달았다' 라고 받아들이지 않았다오.

사문들이여,
이 '네 가지 진리'에 대해 세 가지씩 열두 가지를,
있는 그대로 알고 봄이 맑고 뚜렷해졌을 때
'나는, 사문─브라만─천신─악마─왕족─일반 사람들 가운데
으뜸가는 지혜를 스스로 깨달았다' 라고 받아들였다오.

나에게 (아라한의 지혜로) 앎과 봄이 생겼고,
나의 해탈은 무너지지 않을 것이오.

이것이 나의 마지막 생이며 다시는 (꼭두각시) 업을 짓지 않을 것이라오.
붓다는 이처럼 말씀하셨고, 다섯 사문은 아주 기쁘게 받아들였습니다.

붓다는 '네 가지 진리'와 그 진리가 정말 있다고 알고, 해야 할 일로 알고, 알았다고 아는 지혜가 드러났습니다. 이 지혜는 아주 오래전부터 있던 것이 아니고 누구에게 들어서 생긴 것이 아니며, 붓다가 몸소 체험하고 보고 앎에서 생겨난 지혜라는 겁니다.

붓다는 이와 같은 지혜가 생기기 전에는 스스로 '붓다'라고 인정하지 않았습니다. 지혜를 얻고 난 뒤에서야 비로소 '아비 삼 붓다 (abhisambuddhā)'라고 스스로 인정하였고, 사람들에게도 널리 선언하셨지요.

우리는 흔히들 '부처님'이라고 하는데, 빨리어 'abhisambuddhā'는 '아주 특별한 법을 스스로 알고 얻었다'라는 뜻입니다.

우리도 붓다처럼 네 가지 진리를 통해 열두 가지 지혜를 얻도록 해야 겠지요? 그러므로 '네 가지 진리'를,

"한 걸음 한 걸음 '반드시 해야 할 일(가야 할 일)'은 '길의 진리'고, 살피고 또 살펴 '꿰뚫어 알아야 할 일'은 '괴로움 진리'이고, 반드시 '없애야 할 일'은 '괴로움을 일으키는 까닭의 진리'이며, 꼭 '이루어야 할 일'은 '괴로움 사라짐의 진리'이다." 라고 알고 명심 또 명심해서 실천해야 합니다.

'가면 알고, 알면 없애고, 없애면 이루는 것, 이루어 마쳤다' 이렇게 이룬 것을 불교에서는 '할 일이 끝났다'라고 합니다.

붓다는 이렇게 몸소 경험하고 알게 된 '바른길, 팔정도'와 '네 가지 진리'로 세상 사람들이 행복하고 평화롭기를 바라는 마음으로 펴 보이셨습니다.

어떤 쓸모가 있는지도 정확히 모르면서 알고 얻은 것이 아니고, 그저 상상으로 만들어 보여주신 것도 아닙니다. 그러니까 '바른길, 팔정도'는 아무것도 원하는 바 없이 그냥 상상으로 만든 법이 아니라 사람 세상의 자유로움을 위해, 나갈 구멍이 막혀 삶의 괴로움에 빠져 허우적거리는 사람들을 위해 생겨난 사람에게 꼭 필요한 법이라는 뜻입니다.

붓다는 이와 같은 목적으로, 세상 사람들에게 있는 문제들을 남달리 먼저 일찍 알았고, 그 문제를 풀기 위해 해답을 찾다가 비로소 얻은 법입니다. 다시 말해 사람에게 일어나는 문제들을 보고 그 문제를 해결할 방법을 찾다가 이 '바른길 팔정도'를 얻었다는 뜻이지요.

다섯 행자가 법을 알다.

붓다는 붓다가 얻은 진리 담마는 무엇인지, 담마가 아닌 건 무엇인지 꿰뚫어 보았고, 담마는 어떻게 써야 하는지도 두루 알아보았습니다.

이 경(經)에서 알고 새겨야 할 것은, 사람들은 두 가지 치우친 길이 아닌 바른길로 가야 한다는 겁니다. 붓다의 법이란, 사람과 사람 관계에서 지켜질 건 무엇인지를 일러준 것입니다.

사람이 사람에게 넘치거나 모자란 짓(업)을 하고 그 업에 끄달려 있는가 하면, 저 혼자 평온하기 위해 사람을 떠나는 넘치거나 모자란 짓의 과보를 알고, 그 까닭을 없애고, 까닭이 없어질 때까지는 붓다의 가르침은 아주 쓸모있는 진리입니다. 이것을 꿰뚫어 이해하면 붓다가 말씀하신 법의 알맹이를 이해한 것입니다.

이 경에서는 법을 듣는 다섯 사문의 반응을 기록한 것도 볼 수 있습니다. 법을 듣는 이는 다섯 사문이었고, 그 가운데 '꼰단냐'라고 하는 이는 붓다의 말씀을 듣고 그 자리에서 바로 모두 이해하였고, 자신이 이해한 것을 붓다께 확인했다고 합니다.

꼰단냐가 "괴로움의 까닭이 되는 성품들은 모두 없어지는 성품들입니다."라고 말하자, 붓다는 "맞소."라고 인정하면서 "꼰단냐는 법을 알았습니다."라고 하셨답니다. 나머지 네 사람은 바로 알아듣지 못했지만, 닷새가 지나지 않아 모두가 알았다고 합니다.

괴로움에서 벗어나고자 하는 간절함이 있는 이들은 지금까지 설명한 것이 길다 생각지 말고, 더 채워야 할 것이 있을 것이라 여기고, 여러 번 되풀이 해서 공부하고 이해하도록 힘써야 할 것입니다.

2장

원인과 결과가 돌고 돎에 대한 말씀

「연기경(緣起經)」

이 '연기법'은 '쌍윳따 니까야(상응부)'에서 볼 수 있습니다. 이 법은 붓다가 '알고 깊이 생각한 것의 핵심'이자 기본 바탕이 들어 있는 법이지요. 또한 「법의 바퀴를 굴림 경」의 네 가지 진리의 뜻과도 깊이 관련되어 있습니다.

'연기'란? 어떤 괴로움의 성품이 일어날 때마다 까닭이 있다는 것이며 그 내용을 보여주는 법입니다. 쉽게 말해 모든 결과는 까닭이 있기 때문이라는 것이지요.

'연기경'은 빨리어로 빠띠짜 삼뭇빠다(paṭicca-samuppāda)라고 합니다. paṭicca는 '의지하다, 기대다'라는 뜻으로 '조건이나 원인'을 뜻하는 말이며, samuppāda는 '생기다, 일어난다'라는 말로 '결과'를 뜻합니다. 어떤 게 일어나는 것은, 어떤 게 조건이 되어 의지하기 때문이라는 말이지요.

연기법은 사람에게서 '둑카(괴로움)가 일어나서 끊임없이 쫓기는 듯 돌고 돎(윤회)'의 상태를 설명하고 있습니다. 사람과 사람에게 있는 일 가운데, 마치 높낮이를 한눈에 볼 수 있도록 그림표를 그려놓은 듯, 일어나고 망가지는 모습을 보여주는 법이라고도 할 수 있습니다.

괴로움을 알 수 있는 법

좀 더 정확히 말하자면 '연기경'은 사람에게 일어나는 괴로움들이 어떤 식으로, 또 어떤 모양으로 일어나는지 보여주는 그림표와 같다는 겁니다.

그러므로 누가 "괴로움을 안다는 건 무엇을 아는 것인가?"라고 물으면, "연기법이다"라고 대답할 수 있어야 합니다. 연기법은 사람 안에서 일어나는 괴로움만을 보여줍니다. 사람 말고 그 밖의 것들은 말하지 않습니다.

사람에게서 괴로움이 돌고 도는 모습이 마치 바퀴가 돌고 도는 것 같기에 이 법을 '돌고 돎(saṃsāra:輪廻:윤회)'을 보여주는 법이라고 알면 되는 한편, 그냥 '돌고 돈다'라고 말하면 안 되고 '괴로움이 돌고 돈다'라고 해야 합니다.

'돌고 돈다'라는 말은 임자말(주어)이 없는 움직씨(동사)입니다. 임자말이 없는 움직씨 말은 뜻을 제대로 알아듣기 어렵고 자칫하면 뜻이 어긋나기 쉽습니다.

'돌고 돎'의 두 종류 뜻

윤회에 대해 한 번쯤 질문해 본 적 있으신지요?

'사람에게서 무엇인가가 돌고 도는 것인가?'

'아니면 돌고 돎 속에서 사람이 도는 것인가?'

사람들은 윤회를 거의는 한 가지로만 알고 있습니다. 그러나 윤회의 종류는 두 가지가 있으며 뜻은 완전히 다르다는 것을 알아두길 바랍니다.

우리가 익히 알고 있는 종류의 윤회는, '돌고 돎 속에서 사람이 도는 모습'이 있습니다. 곧, '고해(苦海)'라는 것이 설정되어 있지요. 우리가 사는 이 세계를 사바세계 또는 인욕의 세계 또는 고해(고통의 바다)라고 합니다. 그 '고통의 바다에서 저마다 업을 짓고 살다가 죽으면, 업에 따라 다시 짐승 또는 수라로 나거나, 지옥으로 가거나 하면서 여섯 갈래 육도(六道) 중생으로 모양을 바꾸어 가며 돌고 돌면서 그 안에서 빠져나오지 못하는 상태에 있다'라고 합니다.

'무명 때문에 무시이래(無始以來)로 이렇게 돌고 돌고 돌고 있는 것'이라고 알고 있는 이들은, '돌고 돎' 속에서 온(蘊), 처(處), 계(界)라고 하는 것이 모였다 흩어졌다 되풀이하고 있다고 알고 있습니다. 바로 말하자면, 사람들이 여러 가지 모습으로 바뀌어 가며 돌고 돈다고 말입니다.

그러나 '돌고 돎 속에서 사람이 돈다'라는 말은 붓다의 가르침이 아닙니다. 브라만 사상에 힌두교의 사상이 섞였습니다. 브라만이 창조한 인간들은 창조자가 좋아하는 대로 움직이고 일하는 것이고, 하는 짓이 안 좋으면 죽은 뒤에 안 좋은 곳으로 가고, 좋으면 좋은 곳에 간다고 하죠. 그렇게 하는 짓에 따라 다음 생이 결정되고, 그곳에서 또 삶을 만들고, 다시 또 되풀이하고, 끝없이 빙빙 돈다고 말입니다.

이름 \ 구분	뜻	설명
오온 (蘊:kkhandha)	무더기	몸뚱이(색), 느낌(수), 기억(상), 생각(행), 마음(식)
십이처 (處:āyatana)	조건	눈(안) · 귀(이) · 코(비) · 혀(설) · 몸(신) · 마음(의)과 그 대상들 빛깔(색) · 소리(성) · 냄새(향) · 맛(미) · 부딪침(촉) · 법
십팔계 (界:dhātu)	요소	여섯 뿌리(눈 · 귀 · 코…)와 대상들의 고유한 기능과 역할 성질들

불교, 그러니까 붓다께서 말씀한 '돌고 돎'은 앞에 나온 것과 다릅니다. 무엇이 다를까요?

돌고 돎 속에서 사람이 도는 게 아니라 '사람에게서 괴로움이 돌고 돈다'라는 겁니다. 우리에게 익숙하지 않겠지만, 붓다께서는 '사람에게서 돌고 도는 모습'을 말씀하셨습니다. '고통의 바다에서 중생이 돈다'가 아니라 '사람 안에서 苦가 돈다'라고 말입니다.

붓다께서 말씀하시기를 '탐진치(貪瞋癡)로 짓는 잘못된 업이 까닭이 되어 중생으로 난다'라고 하였습니다. 우리가 흔히 업보(業報)라고 말하는 건 사람이 짓는 업과 업의 결과를 말하는 것으로 연기법이라고도 하고 '원인과 결과법'이라고도 합니다. 그런데 이 '원인과 결과법'에 소,

개, 돼지 같은 짐승과 보이지 않는 수라, 천상, 지옥까지 끌어와 말하고 있습니다. 이런 중생들이 고해에서 돌고 있다고 설명하는데, 그렇다면 사람을 위해서, 사람 세상을 위해서 펴셨던 붓다의 가르침과 뜻에 맞을까요?

사람이 사는 세상은 없고 오직 고통의 바다인 사바세계에는 인간이라는 중생계가 있고, 천상 세계, 수라 세계, 짐승 세계, 아귀 세계, 지옥 세계가 따로따로 있다고 이해하게끔, 마치 땅 밑 어느 지하세계에 지옥이 있고, 하늘 위 어딘가에 천상 세계가 있는 듯, 공간이 따로따로 분리되어있는 것처럼 말합니다.

그런데 붓다께서는 그렇게 말씀하신 적이 없다는 사실입니다. '개들이여, 다 모여라. 내가 너희들을 위해 해탈하는 법을 설하겠노라! 바위들이여, 다 모여라. 고통에서 벗어나는 길을 일러주겠노라!' 하셨다는 걸 경전에서 본 적 있습니까? 붓다께서는 개, 돼, 소, 바위, 나무, 풀들을 위한 설법을 하셨다는 건 어느 경전에도 없습니다.

나무, 바위, 돌, 개, 소, 지렁이 같은 생명체에게 설법했다면, '중생의 생명은 끝이 없어 고해에서 나왔다 들어갔다 돌고 돌기 때문에 해탈을 해야 한다'라고 설명하기에는 무리가 있지 않을까요? 또한, 붓다께서는 서른다섯에 해탈하셨는데 왜 여든까지 사셨을까요?

고해에서 사람이 도는 게 아니라 사람 안에서 꿈가 도는 것이 연기법

고해에서 사람이 도는 것이라는 설정이 잘못된 겁니다.

붓다께서 말씀하신 연기법은 '사람 안에서 꿈가 도는 모양을 보여준 것'입니다. 임자말(주어)과 토씨를 어디에 붙이냐에 따라 뜻이 엄청나게 달라집니다.

'고해에서 사람이 도는 게 아니라 사람 안에서 꿈가 돈다. 그것이 연기다'라고 이해해야 합니다.

'돌고 돎'은 세 가지입니다. 낄레사(번뇌, 원인)가 돌고, 깜마(업.짓.행위)가 돌고, 위빠까(결과.과보)가 돕니다. 이것들 하나가 하나로 맞물려 바뀌어 가기 때문에 '돈다'라고 하는 겁니다.

다시 말해, 낄레사가 일어나면 낄레사 바퀴에서 멈추지 않고 깜마를 일으킵니다. 마찬가지로 깜마에서 멈추지 않고 위빠까의 굴레로 이어지고, 위빠까는 다시 낄레사를 일으키고 낄레사는 다시… 말하자면 '돎 하나에 돎 하나가 일어나는 것'이지요. 이렇게 '낄레사와 깜마 위빠까가 돌고 돌기 때문에 돌고 돎'이라 일컫는 겁니다.

그러므로 연기는, 사람이 태어나서 죽기까지의 과정을 말하는 것이 아니라, 사람 안에서 괴로움이 일어났다가 사라지는 모습을 그려놓은 것입니다.

다시 말해 '괴로움이 돌고 도는 모습'을 설명한 것이 연기법입니다.

도는 것들의 이름과 특징

구분 / 순서	우리나라 불교(한자)	빨리어 발음	특징
1 (첫 번째 돎)	무명(無明)	아윗자 avijjā	알지 못함: 오취온을 모르고, 고를 모르고, 과보를 모르는 것
2	행(行)	상카라 saṅkhāra	무명(오취온) 상태에서 하는 몸. 입. 마음 행위
3	식(識)	윈냐나 viññāṇa	잘못된 행위를 하는 순간 생긴 앎
4	명색(名色)	나마 · 루빠 nāma-rūpa	잘못된 행위를 짓는 순간 위냐나의 몸과 마음
5	육입(六入)	사라 · 예따나 saḷā·yatana	잘못된 짓을 하는 순간의 여섯 감각 기관(눈, 귀, 코, 혀, 몸, 마음)
6	촉(觸)	팟사 phassa	여섯 곳이 대상을 만나는 것
7	수(受)	웨다나 vedanā	여섯 곳이 받아들인 느낌
8 (두 번째 돎)	갈애(渴愛)	딴하 taṇhā	오취온이 가졌던 대상을 갖고 싶어함 (딴하는 목마름, 고픔이라는 뜻)
9	취(取)	우바다나 upādāna	없는 것을 가지려 움켜잡음(집착) : 딴하와 같은데 힘이 더 강함
10	유(有)	바와 bhava	행(상카라)이 삶으로 바뀌는 것
11	생(生)	자띠 jāti	족보가 바뀜 (ex 도둑질에서 도둑놈으로 바뀜)
12	노(老) · 사(死)	자라 · 마라나 jarā·maraṇa	오온이 남지 않고 오취온이 됨 (자라: 낡아짐, 마라나 : 없어짐)

1. 아윗자(avijjā, 무명, 無明, 고를 모름) – 낄레사로 둚

아윗자란? 아(a) + 윗자(vijja)를 더한 말로서 A는 '아니다'이며 vijja는 '앎'입니다. 한마디로 '모름'이라고 할 수 있습니다. 그럼 무엇을 모른다는 걸까요? 여기서는 모르는 것마다 '아윗자'를 뜻하지는 않고, '괴로움을 모르는 것'만을 뜻합니다.

괴로움을 괴로움인 줄 모르는 것, 괴로움을 평화로움이라고 거꾸로 아는 것, 그것이 곧 괴로움을 모름입니다.

사실 괴로움을 괴로움이라고 알기가 어렵습니다. 괴로움은 즐거움이라는 탈을 쓰고 있기에 즐거움이라고 착각하기 쉽습니다. 괴로움이 어떻게 즐거움이라는 탈을 쓰는 걸까요?

보기를 들겠습니다. 남의 아내(남편)와 바람을 피우거나, 남의 물건을 훔쳤을 때 이것은 분명 괴로울 일이지만 느낌은 즐겁다고 압니다. 느낌으로 보면 즐거움인 거죠.

그러나 '몸으로 느끼는 즐거움은 진짜 즐거움이 아니다. 단맛이 나는 독약이다'라고 알아야 합니다. 달콤한 독을 독인 줄 모르고 달콤한 먹을거리로 생각하는 것처럼, 괴로움도 즐거운 느낌이 더 뚜렷하면 괴로움은 보이질 않죠. 이것이 아윗자(모름)입니다.

2. 상카라(saṅkhāra, 업, 業, 잘못된 행위, 짓) – 깜마로 둚

상카라란? '보통이 아님'이란 뜻 saṅ과 '짓는다'라는 뜻의 khāra가 더해진 말입니다. 정리하면 '보통이 아닌 짓'이 되는데요. 쓰는 말로 하면 '넘치거나 모자란 짓'이라 할 수 있습니다.

사람은 사람을 대할 때 몸으로 입으로 마음으로 대하고 반응을 하는데, 보통은 세 가지로 반응합니다. 모자라거나, 넘치거나, 알맞게 말이지요.

문제는 모자라거나 넘치는 잘못된 짓을 하면 업이 된다는 사실입니다. 그냥 보통의 상대와 상황에 맞게 대하는 건 업이라고 하지 않습니다.

그럼 모자라거나 넘치는 짓은 무엇일까요?

사람은 몸으로 하는 짓, 입으로 하는 짓, 마음으로 하는 짓이 있습니다. 몸과 마음 입으로 짓는 업 가운데는, 까마(욕계)의 좋은 업(善業), 까마의 나쁜 업(惡業), 루빠·아루빠(색계·무색계)의 좋은 업이 있습니다. 그러니까 좋은 짓도 할 수 있고 나쁜 짓도 할 수 있고, 좋지도 않고 나쁘지도 않은 짓을 할 수도 있습니다.

모자라거나 넘치는 욕계 업

까마의 업을 지으려는 사람은 주변의 사람들을 싫어함, 또는 좋아함으로 봅니다. 싫어하면 밀어내기 위해서, 좋아하면 가까이하거나 차지하기 위해서 몸·입·마음 가운데 자기에게만 있는 능력을 써서 대합니다. 이때의 짓은 좋을 수도 있고 나쁠 수도 있습니다. 좋으면 까마의 좋은 업이 되고 나쁘면 까마의 나쁜 업이 되는 겁니다.

좋아하는 마음은 욕심을 일으키며 가지려고 하고 싫어하는 마음은 밀어내고 싸우며 제 마음대로 할 수 없으면 망가뜨리고 싶어 합니다. 이것은 자기만 생각하기 때문인데 바로 까마의 업입니다.

　루빠의 견해를 가진 이들은 주변 사람들을 사람이라고 여기지 않으려고 합니다. 무슨 말인가 하면, 전체를 보고 이해하려는 것이 아니라 어느 선이나 점 하나만 보며 그저 한 물건일 뿐으로 볼 뿐 사람으로 생각하지 않으려고 한다는 겁니다.

　이들은 주변 사람을 그냥 스치듯 대합니다. 그러다 보니 가족들이나 친구들을 등 돌림(소외)을 하여 마침내는 등 돌림을 당하게 됩니다. 몸으로 입으로 마음으로 모자라거나 넘치는 짓을 하여 얻는 결과인 셈이지요.

　한편 아루빠의 견해를 가진 이들은 주변 사람들은 물론, 자기 자신도 정말 있는 것이 아니라고 여기고, 나라고 할 것이 없는 요소가 모여서 이루어진 것이므로 공(空)하다고 봅니다.

　사람은 사람 세상에서 서로 소통하며 서로 어울려 살아야 하는데 소통이 안 되니까 사람과 멀어집니다. 이 또한 넘치거나 모자라는 짓이라는 겁니다.

　어찌 보면 까마, 루빠, 아루빠 가운데 아루빠 업이 가장 심한 모자라거나 넘치는 짓이라고 할 수 있습니다. 그러므로 아무리 좋은 짓이라 할지라도 사람과 사람 사이, 상황에 알맞게 썼을 때 업이 되지 않는 겁니다.

3. 위냐나(viññāṇa, 식, 識, 잘못된 앎) - 위빠까로 둠

　잘못된 짓, 상카라는 깜마의 굴대에 들어가는 걸 알았습니다.

　위냐나의 뜻을 풀기가 쉽지 않습니다. 깜마의 결과인 위냐나는 눈에 보이질 않거든요. 왜냐면 '잘못된 짓을 하는 순간 생기는 앎'이니까요.

깜마의 결과는 다섯 가지가 있습니다.

예를 들어 어떤 이가 마약을 하면 기분이 좋다는 말을 들은 적이 있어요. '기분이 좋다'라는 말이 기억에 저장된 거죠. 이렇게 기억된 상태를 '아윗자'라고 할 수 있습니다.

그러던 어느 날 실제로 마약을 하게 됐어요. 그런데 정말로 기분이 좋은 겁니다. 이때 '기분이 좋다'라고 아는 마음, 이것이 위냐, 곧 '잘못된 짓을 할 때 생긴 앎'입니다. 이런 식으로 잘못된 짓을 할 때 생기는 앎만이 연기에서 말하는 앎입니다.

그런데 이 앎은 겉으로 뚜렷하게 보이지 않습니다. 그래서 '잠재의식(潛在意識)'이라고 합니다.

문제는 잠재된 이 앎을 많은 이들이 모른다는 사실입니다. 이 앎을 모르는 것은 곧 깜마와 그 결과를 모르는 것이나 마찬가지죠. 설령 깜마를 안다고 할지라도 그 결과를 모르기에 잘못 알고 있는 것이나 마찬가지입니다.

많은 이들은 깜마가 죽고 난 뒤 업의 과보로 받는 것이라고 알고 있습니다. 더 나아가 지금도 태어나기 전 어디선가 다른 몸으로 살면서 지은 업의 과보를 받고 있다고 알고 있습니다. 왜냐면 잘못된 짓을 하는 순간 받는 결과가 눈에 보이지 않고 겉으로 드러나지 않으니까요. 그래서 결과가 아닌 것을 결과라고 믿고, 운명처럼 받아들이고 삽니다. 서글픈 일이 아닐 수 없습니다.

또한 깜마를 이렇게 받아들이고 이해한다는 사실은 우리 스승인 붓다의 가르침을 아주 잘못 받아들인 것으로 엄청 안타까운 일이지요.

왜냐, '잘못된 짓을 하는 순간 생기는 앎'을 모르기에 일어나는 안타까운 일은 한 두 가지가 아니며, 단순히 불교도들만의 문제가 아닙니다. 사람들은 자신이 짓는 깜마와 그 결과에 관심이 많습니다. 그래서 늘 두어 가지 정도의 질문을 하곤 합니다.

지금 내게 일어나는 모든 상황은 왜 일어나는 것일까?

내가 지었던 모든 짓은 어떻게 되는 걸까?

그리고 이런 물음에 답을 주는 이들도 있을 것이며 그 대답도 여러 가지일 겁니다.

현실주의자들은 그들이 아는 대로 말할 것이고, 예로부터 내려온 말도 있을 것이며, 점성술(占星術)가나 사주(四柱)가나 무속인들은 그들이 아는 대로 말할 것이고, 철학자들과 종교의 성직자들 또한 그들의 견해에 따라 대답도 저마다 다를 겁니다. 물론 말을 하는 이들은 저마다 상대가 믿게끔 말을 할 테고, 사람들은 그 가운데 어느 한 가지를 골라 믿을 테지요.

사람들은 어떤 말을 믿기 시작하면 거의 그들만 믿고 의지합니다. 신(神)을 믿는 무속인의 말을 들으면 신을 믿으며 의지하고, 점성술가나 사주를 보는 이의 말을 들으면 그들이 하는 말을 믿으며 의지하고, 종교의 성직자들 말을 들으면 그 종교를 믿고 의지하게 됩니다. 그래서 세상에는 수많은 믿음과 신앙이 있고, 수많은 신비한 체험과 주술이 있고, 수많은 수행법이 있는 거겠지요?

문제는 깜마와 위빠까에 대해 분명하게 모르다 보니 자신이 알고 있는 견해와 믿음만 으뜸으로 여기고 자신이 따르는 걸 믿지 않는 이들은 그르다고 여기며 더 심하게는 원수 대하듯 합니다. 사람으로서 사람이 먼저가 아닌 종교나 사상을 위해 사는 것처럼 말입니다.

좋은 일이라서 했는데 돌아오는 결과는 나쁠 때가 많고, 나쁜 짓을 했는데 결과는 좋을 때도 많습니다. 이럴 때는 어떻게 이해하면 좋을까요? 사실 그러다 보니 전생이나 내생을 이야기하는 이의 말을 믿게 되고. 점성술가나 사주, 신을 믿는 이들의 말을 믿게 됩니다.

이런 어리석은 견해와 믿음들을 없애려면, 깜마의 진짜 결과가 되는 위나나, 잘못된 짓을 하는 순간 생기는 앎에 대한 분명한 이해가 있어야 합니다.

사람 세상을 움직이고 다스리는 데 가장 중요한 것은 몸과 입 마음이 짓는 행위와 그에 대한 반응하는 일일 것입니다. 사람의 수준이 낮거나 고귀하게 또는 좋거나 나쁘게, 또는 평화롭거나 불편하게도 만드는 것도 바로 몸으로 입으로 마음으로 짓는 행위들입니다. 그런데 이런 사실을 거의 아무도 모르고 있는 것 같습니다.

이렇게 된 까닭은 깜마의 결과인 위나나를 알지 못하거나 잘못 알고 있기 때문입니다. 위나나 하나만 정확하고 뚜렷하게 알면 몸과 입, 마음으로 짓는 깜마가 사람들을 지배하고 사람 세상을 다스린다는 것도 잘 알게 됩니다.

위나나는 어떤 잘못된 행위를 한 번 하고 난 뒤 그 일을 다시 하고 싶은 마음이 일어나도록 하는데, 평소에는 드러나지 않다가 조건과 환경을 만나면 다시 일어나게 합니다. 저장되고 기억된 앎이기 때문입니다.

우리가 처음 태어날 때부터 생명을 해치고 훔치고 빼앗고 거짓말하고 마약을 하는 따위의 잘못된 행위를 하고 싶다고 하지는 않지요? 우연히 경험했거나, 또는 보고 듣고 맡고 맛보고 닿으면서 마음에 든다, 마음에 안 든다, 설렌다, 두근거린다, 으쓱해진다, 좋다, 즐겁다고 알고 여겼던 모든 앎이 바탕이 된 것입니다.

좋은 일이라고 하는 것도 마찬가지입니다. 우연히 자원봉사를 하거나 남을 도왔는데 칭찬을 받고 인정을 받으면서 기분이 좋아짐이 앎으로 저장되었다가 다시 나타납니다.

그러니까 깜마를 지은 뒤 나타나는 결과의 앎은 날 때부터 있던 게 아니라 자신이 했던 짓들에 따라 알맞게 일어날 뿐이라는 말입니다.

뺄 건 빼고 바꿀 건 바꿔야 한다

오늘날은 옛날과 달라서 사람의 몸 구석구석을 연구하는 세상이 되었고 뇌과학도 많이 발전했습니다. 옛날에는 심장이 생각하고 일을 한다고 알았지, 사람의 뇌가 일한다는 걸 알지 못했습니다. 그러나 이젠 우리 마음이 일어날 때마다 머리에 있는 뇌가 일하고 있다는 걸 모두가 아는 세상입니다. 보는 마음, 듣는 마음, 생각하는 마음, 어떤 마음이든지 모두 뇌의 일이라는 것을요.

뇌는 끊임없이 새로운 것을 받아들이고 담아두고 비교하는 일들을 합니다. 지울 것은 지우고, 바꿀 것은 바꾸고, 따로 간직할 것은 간직하는 따위의 일도 하고 있습니다.

뇌가 여러 가지 일을 할 때마다 마음이 일어나지만 사실 사람들은 일어나는 대로의 마음을 모두 알지는 못합니다. 우리가 자는 동안 마음은 일하고 있지만 일하는지 안 하는지를 모릅니다. 이렇게 모르는 마음을 잠재의식이라고 하지 않습니다.

잠재의식은 어떤 대상으로 있지 않고 대상을 받아들인 기억된 상태의 숨어있는 마음이니까요.

그러니까 번뇌에 놀아나 (넘치거나 모자란) 잘못된 짓을 한 이는 넘치거나 모자란 짓의 앎이 생기고, 지우거나 지우려고 노력하지 않는 한 그대로 뇌 속에 저장돼 있습니다.

남의 물건을 훔치는 버릇이 있는 이는 훔치는 짓을 안 하려고 노력하지 않으면, 시간이 지나고 공간이 바뀌어도 훔치는 그 버릇 때문에 끝내는 도둑놈이 되고 맙니다. 버릇을 없애지 않는다면 없앨 때까지 그 짓을 할 테니까요.

못 없애고 안 없애면 그대로 남아있다는 겁니다. 오랫동안 쓰지 않고 두면 얼른 기억을 못 할 뿐이지 없어지지는 않는 그것이 잠재의식입니다.

이처럼 무슨 일이든 옳은 짓이나 그른 짓이나 하고 난 뒤에는 남아있는 게 있게 마련인데 그렇게 남아있는 것이 바로 '위냐나', 곧 '잘못된 짓을 하는 순간 생기는 앎'입니다.

4. 나마·루빠(nāma-rūpa, 명색, 名色, 마음과 몸) – 위빠까로 돎

나마·루빠에 대해 알아보기로 하죠. 나마·루빠 하면 모든 마음과 모든 물질을 뜻하는 것으로 알기 쉬운데 그럴 필요는 없습니다. 하지만 잘 새겨듣고 판단해야 합니다.

여기에서는 '쌍카라를 까닭으로 일어난 앎과 함께 일어나 생긴 나마·루빠'만을 뜻합니다. 이름만 보고 모든 나마, 모든 루빠를 뜻한다고 알면 안 됩니다.

다시 말해, 잘못된 짓을 했을 때 앎이 생겼고 그 앎과 함께 얻게 되는 마음과 몸이라는 뜻입니다. 나마는 마음 작용이고, 루빠는 물질인데, 업을 까닭으로 얻는 물질이라는 말은 곧 업이 일어나게 하는 물질을 뜻합니다. 사람에게는 여러 가지 물질이 있습니다. 흙의 요소, 물의 요소, 불의 요소, 바람의 요소가 그것이지요. 곧 물질의 네 가지는 업으로 일어나는 물질도 있고, 다른 까닭으로 일어나기도 합니다만, 여기에서는 다른 까닭으로 일어나는 네 가지 물질은 없습니다.

오직 '잘못된 짓을 하는 순간 생긴 앎과 함께 생기는 몸과 마음'이라고만 알면 됩니다.

5. 싸라·야따나(sala-yatana, 육입, 六入, 잘못된 업으로 생긴 여섯 곳)
– 위빠까로 돎

빨리어 '싸라·야따나'는 여섯 곳, 곧 눈, 귀, 코, 혀, 몸, 마음을 뜻합니다. 눈으로, 귀로, 코로, 혀로, 살갗으로, 의식으로, 대상이 들어오는 문이기 때문에 '육입'이라 하거나 감각을 맡은 기관이기에 '여섯 감각 기관'이라고도 합니다.

이 여섯 곳 또한 '잘못된 짓을 했을 때 생긴 앎과 함께 생겨난 것들'입니다.

6. 팟사(Phassa, 촉, 觸, 부딪침, 닿음) – 위빠까로 돎

대상이 부딪는 곳, 대상이 닿기 때문에 우리 말로 촉이라고 하는데 모든 부딪침을 뜻하는 건 아닙니다. 이 또한 '잘못된 짓을 했을 때 생기는 부딪침', '잘못된 짓으로 인해 생기는 닿음'을 뜻합니다. 잘못된 짓을 할 때의 몸과 마음에 대상들이 부딪는, 그 순간의 닿음, 촉이지요.

7. 웨다나(vedanā, 수, 受, 잘못된 짓을 할 때 생기는 느낌) – 위빠까로 돎

'웨다나'는 돌고 도는 바퀴 가운데 과보 굴대 안에 있는 다섯 가지 가운데 마지막입니다.

빨리어로 웨다나는 '느낌'을 일컫는 말인데 어떤 느낌을 말하는 걸까요? 몸과 마음 그리고 대상을 받아들이는 '감각 기관이 대상을 만나 부딪칠(닿을) 때 느낌'이 일어납니다. 바로 그 느낌을 말하는 것으로 세 가지가 있습니다.

좋다는 느낌, 안 좋다는 느낌, 좋지도 안 좋지도 않은 느낌, 이렇게 세 가지입니다. 하지만 모든 대상과 만날 때의 느낌을 말하는 건 아니며, 여기서는 오로지 '잘못된 짓을 할 때의 느끼는 느낌'만을 말하고 있습니다.

첫 번째 '돌고 돎의 바퀴 테'

사실, 이렇게 일곱 가지로 연기법은 끝납니다. 연기는 이 일곱 가지로 괴로움이 돌고 돎을 설명함에 모자람이 없습니다. 나머지 다섯은 잠깐 두고, 일곱 가지가 도는 모습을 다시 살펴보기로 하죠.

① 잘못된 업이 괴로움이라는 사실을 모르는 것이 아윗자(무명)
② 모르므로 잘못된 짓을 하는 게 상카라(행)
③ 잘못된 짓을 할 때 저장되는 상태의 앎이 위냐나(식),
④ 잘못된 짓을 할 때의 몸과 마음이 나마 · 루빠(명색)
⑤ 잘못된 짓을 할 때 새롭게 받아들이는 여섯 곳이 싸라예따나(육입)
⑥ 잘못된 짓을 할 때 육입이 대상과 만나는 상태가 팟사(촉)
⑦ 잘못된 짓을 할 때 좋거나 안 좋거나 덤덤하다고 느끼는 웨다나(느낌)

이것을 다시 돌고 도는 바퀴 굴대로 나누어 보면 ①아윗자는 낄레사 굴대에, ②쌍카라는 깜마 굴대에, 나머지는 위빠까 굴대에 들어갑니다.

사람들은 이렇게 도는 바퀴 굴대 가운데 뚜렷하게 아는 건 잘못된 짓인 깜마 굴대뿐이며, 나머지 두 굴대는 뚜렷하게 볼 줄 모릅니다.

그렇지만 붓다는 이것을 그의 지혜로 알고 보았습니다. 그리고 '연기'라는 이름으로 사람들에게 알려주었습니다. 그러므로 우리는 분명하고 정확하게 이해해야 합니다.

사람이 아무런 까닭 없이 무심코 넘치거나 모자란, 잘못된 짓을 하는 게 아닙니다. 번뇌의 부추김에 놀아나 넘치거나 모자라는 잘못된 짓을 하는 겁니다.

살아있는 생명, 사람을 죽이고 해치고 때리고, 남의 물건을 뺏고 훔치고, 남의 여자나 남자, 미성년자를 성추행하거나 성폭행하고, 거짓말을 아무렇지 않게 하고, 사기를 치고, 도박이나 노름, 마약을 하기 전에 그것이 좋은 것이고 즐겁다고 잘못 알았기 때문입니다.

사람이 넘치거나 모자란 잘못된 어떤 짓을 할라치면 처음도 있고 끝도 반드시 있다고 뚜렷하게 알아야만 합니다. 다시 말해 어떤 잘못된 짓에는 반드시 원인이 있고 과보가 있음을 정확히 알아야 한다는 뜻입니다.

어떤 잘못된 짓을 하기는 하는데 까닭도 모르고 과보도 모른다면 둑카를 안다고 할 수 없지요. 낱낱이 온전히 알았을 때 비로소 둑카, 괴로움이라는 진리를 아는 것입니다.

괴로움이 돌고 도는 모양을 두 바퀴로

1번에서 7번까지는 괴로움이 일어나는 과정을 한 바퀴로 알아보았습니다.

괴로움이 굴레가 돌고 도는 것을 12가지로 나타냈지만, 사실은 두 바퀴로 보여준 것이며, 삶을 살아가는 사람 안에서 괴로움이 쉬지 않고 끊임없이 돌고 있다는 걸 모양으로 보여준 것입니다. 다시 말해 돌고 도는 윤회를 설명한 것이며, 탐진치를 소멸하지 않으면 이와 같은 삶에서 벗어날 수가 없다는 뜻입니다.

8번에서 12번까지는 두 번째 바퀴로 같은 뜻을 가졌으나 강조하기 위하여 이름을 달리합니다.

8. 딴하(taṇhā, 애, 愛, 목마름) – 낄레사로 둘

저장된 느낌을 좋아하여 일어나는 걸 '딴하'라고 하는데 좀 더 알아볼까요? '딴하'의 낱말 뜻은 '목마름'입니다. 그런데 무엇을 목말라 하는 걸까요?

여기에서 말하는 뜻은 '바와(삶, 행위)'를 목말라 하는 것입니다. '바와'란 '지었던 짓이 다시 일어나는 것'으로 쌍카라(업)의 다른 이름입니다.

첫 번째 바퀴에서 업을 까닭으로 생긴 앎과 마음과 몸뚱이 그리고 여섯 곳과 대상이 부딪칠 때 느낌이 일어난다고 알았습니다. 느낌은 대상을 받아들이는 감각 기관에 새로이 뚜렷하게 드러나는 느낌이겠지요? 그러나 전에 잘못된 짓을 지을 때 느꼈던 느낌이라고도 할 수 있습니다.

다시 말해 대상은 새로운 대상이지만 느낌은 지난 행위와 관련된 느낌이라는 말입니다. 곧 느낌은 새로운 대상에서 느끼지만, 그 느낌이 일어나게 하는 건, 전에 하던 행위가 까닭이 되므로 지난 대상과 새로운 대상을 견주어가며 느낍니다. 그러니까 지난 느낌과 함께 느끼고 있다고 말할 수 있겠지요.

다시 느끼고 싶도록, 전에 했던 (잘못된) 짓을 다시 하고 싶은 마음이 일어나는데 그 마음이 바로 '딴하, 목마름'입니다. 말하자면 지난 행위를 기억하고 그리워하는 겁니다.

여기서 목마름이란, 다른 그 무엇을 목말라 하는 것이 아니라 (지난)

잘못된 짓을 할 때 좋은 느낌으로 저장된 그 행위, 그 짓을 목말라 하는 겁니다.

9. 우빠다나(upādāna, 취, 取, 움켜잡음) – 낄레사로 돎

'우빠다나'는 upā(우빠)+adana(아다나)가 더해진 낱말이고, upā는 ādāna의 뜻에 힘을 실어주는 낱말인데 풀이하자면 '지나치게 꽉 움켜잡는다', '붙잡지 말아야 할 것을 붙잡는다'라는 뜻입니다. 다시 말해 '가질 것이 아닌 걸 갖는다'라는 뜻입니다.

본디 뜻을 보면 앞에 나왔던 '목마름'과 다름이 없으나, 거듭거듭 힘을 주어서 세게, 지나치게 움켜잡고 붙잡는 성질이 있기에 '우빠다나'라고 합니다. 바로 말하면 '딴하'가 '우빠다나'이고, '우빠다나'가 곧 '딴하'인데 굳이 다른 걸 말하라면 힘의 세기가 다르다고 해야 할 것입니다.

괴로움이라는 게 어느 한순간 한 번 잘못해서 일어났다가 그대로 끝이던가요? 한 번만 잘못하고 말던가요? 때로는 한번 잘못했는데 어느 순간 똑같은 잘못을 또 하고, '아이쿠, 또 했네'라고 후회하지요. 문제는 거듭 될수록 업의 힘이 세진다는 겁니다. 인식하지 못하면 똑같은 잘못을 또 하고 또 하고 또 하고 있습니다. 어쩌다 한번 잘못하면 실수로 봐주지만 똑같은 잘못을 계속하고 있으면 뭐라고 하죠? 상습범이라고 합니다. 상습범 소리를 듣기까지는 잘못한 짓, 곧 업의 힘이 세진 겁니다.

돌도 도는 윤회란 한 번으로 끝나지 않습니다. 끊임없이 돌고 돕니다. 좋은 느낌을 꽉 움켜잡고 지난번 했던 짓을 목말라하고 또 하게끔 하는 낄레사(번뇌)가 돌고 있으니까요.

'움켜잡음'을 까닭으로 '바와', 곧 '행위'가 일어납니다. '바와'란, 첫 번째 바퀴의 '쌍카라'와 같은 말입니다. 그러나 두 번째에선 좀 더 강해졌다고 알아야 합니다.

사람이 살면서 어쩌다, 한 번 실수를 할 수 있습니다. 실수한 뒤 '아, 내가 미쳤었나 봐! 왜 그런 생각을 하고 왜 그런 짓을 저질렀을까, 정말 잘못했구나!'라고 뉘우치고, 느낌(受)을 아주 안 좋게 저장한 이는 그 짓(행위, 업)을 다시는 안 하려고 애를 씁니다.

그런데 좋은 느낌으로 저장한 사람은 다시 그 짓을 또 하고 싶어 합니다. 앉으나 서나 그 생각만 하다가 다시 그 짓을 합니다. 두 번째 바퀴에 들어가는 것이죠.

'앉으나 서나 하는 당신 생각(원하는 대상)'은 목마름입니다. 당신을 만나고 싶은 욕구가 강해집니다. 집착해서 아무것도 할 수가 없는 상태를 우빠다나(취)라고 합니다. 그러면 어떻게 될까요? 당신을 만나러 가야겠죠? 바와(유), 곧 행위가 일어납니다.

붓다께서는 이 '바와는, 넘치거나 모자라는 잘못된 짓의 이름으로 새겨두라' 하셨습니다.

'바와'란 어머니 배에서 태어나 죽을 때까지를 말하는 것이 결코 아닙니다.

'업이 돌고 돎'의 굴대에 있는 '쌍카라'와 '바와'는 본바탕은 같으나 이름만 다를 뿐입니다. 남성 여성이라는 본질은 같으나 나이에 따라 또는 역할에 따라 다르게 부르듯 말입니다.

11. 자띠(jāti, 생, 生, 드러남)

12. 자라 · 마라나(jarā·marana, 노 · 사 , 老 · 死, 사그라짐) — 위빠까로 돎

자띠와 자라 · 마라나 또한 첫 번째 바퀴 테와는 이름이 다릅니다. 첫째 바퀴에는 다섯 가지였습니다. 그러나 두 번째 바퀴에 있는 자띠와 자라 · 마라나는 첫 번째 바퀴의 다섯 가지의 상태라고 알아야 합니다.

무슨 말인가 하면, 사람이 나고 늙고 죽는 게 아니라 '잘못된 짓을 하므로 인해 생겨난 앎과 마음 몸뚱이, 여섯 곳(눈 · 귀…), 부딪침, 느낌이 계속 돎으로써 쓸모없이 어그러지고 사그라지는 모양을 말하는 것입니다. 멀쩡했던 사람이 술을 날마다 많이 마시면서 알콜 중독자가 되어가는 상태로 이해하면 됩니다.

지금까지 '연기'법에 나오는 열두 가지의 뜻을 알아보았고, 어떻게 돌고 도는지 어떤 모양인지도 설명했습니다. '사람 안에서 고가 도는 모양', '연기'를 다시 한번 자세히 살펴볼까요?

우리는 업보(業報)라는 말을 많이 쓰고 '카르마'라는 말도 많이 듣습니다. 우리 불교 말로는 '업'을 산스크리트어로는 '카르마', 빨리어로는 '깜마'라고 하며, '과보'는 빨리어로 '위빳까'라고 합니다. 다시 말해 업과 업의 결과를 업보라고 하는 것인데요. 이것들이 있기 전에는 뭐가 있을까요? 원인이 있습니다. 빨리어로는 '낄레사' 우리 불교 말로는 '번뇌(煩惱)'지요.

여기서 중요하게 알아야 할 것은, 업보, 곧 업과 업의 결과인 과보는 '잘못된 업으로 온 결과'를 말하는 겁니다. 붓다께서 말씀하신 '바름의 행' 곧, 정업(正業)은 과보가 따르지 않으므로 굳이 '업'이라고 하질 않습니다. '정업은 할 뿐인 행'이며, '늘, 지니고 지어야 할 행'으로 알아야 합니다. 연기는, 아윗자(無名)에서 자라·마라나(老·死)까지 12가지가 한 바퀴로 끝난다고 볼 게 아니라, 나선형으로 돌고 있다고 보아야 합니다.

중생이 무명인 상태에서 태어나서 죽는 것으로, 무명에서 노사까지 한 바퀴로 끝나고, 다시 무명인 상태의 어떤 중생으로 태어나고 또 죽고 나고…, 우리가 그동안 알던 내용입니다.

그러나 '사람 안에서 괴로움이 도는 모습'을 나선형으로 보면, 계속 돌면서 크기가 달라지면서 끝이 없습니다. 원인과 업과 과보, 이 세 가지가 어디서 시작되었는지 모르게 계속 되풀이하면서 (알아차림으로 그 원인을 끊어내지 못하면) 계속 그 힘은 세지고 커지는데, 그게 윤회의 모습입니다. 그러므로 한 바퀴로 끝나는 게 아니라 한 바퀴 돌고 다시 돌 때는 더 강한 힘으로 돕니다. 그렇게 계속 돌고 도는 동안 업의 힘은 강해지고, 끝이 없는 상태를 업식(業識)이라고 합니다. 삶의 버릇이 된 겁니다.

마치 거짓말을 하고 난 뒤 그 거짓말을 감추기 위해 또 다른 거짓말을 하고 또 다른 거짓말을 하면서 거짓말이 점점 커지는 것과 같습니다.

보통의 사람이 버릇처럼, 또는 중독되어 도둑질을 계속한다면 도둑놈이라고 이름을 짓습니다. 마약, 바람, 살인 따위를 거듭하면 사람 취급을 하지 않지요. 망나니의 일원으로 인정할 뿐 사람으로 치지 않고 쓸모없는 인간 취급을 합니다.

겉으로 보면 달라진 게 없이 멀쩡한 인간이지만, 사실 잘못된 업을 짓는 순간 이미 엄청난 과보를 받았습니다. 이를테면, 어떤 이가 탐진치 번뇌(낄레사)가 부추겨서 술을 마셨어요(깜마). 그런데 술 마시는 정도가 지나치면 술주정을 하고 남을 괴롭한다면 우린 그를 사람이라고 하지 않고 술주정뱅이(위빳까) 또는 술꾼이라고 하고, 더 지나치면 알콜 중독자라고 합니다.

어떤 사람이 여느 때는 멀쩡한데 탐진치가 발동하면 물건을 훔치고 한 번으로 끝내는 게 아니라 두 번 세 번…, 그러면 도둑놈이라고 합니다. 거짓말을 일삼으면 사기꾼이라고 하고요.

그러니까 진리의 관점으로 보면, 사회 규범이나 남들이 뭐라고 하기 전 이미 과보를 받은 겁니다.

첫 번째와 다르게 두 번째부터는 그저 실수가 아니라는 겁니다. 어쩌다가 호기심에 노름판에 끼었는데 재미있다고 느끼고 한탕 벌겠다는 욕심이 나서 날마다 그 판에 끼어있으면 우리는 그를 '노름 중독자', '노름꾼'이라고 합니다. 그러다가 전문가가 되면 뭐라고 하죠? '타짜'라고 합니다. 이제는 삶이 된 겁니다. 어쩌다가 바람을 피웠는데 (이성은 괴롭다지만) 느낌이 좋다고 느끼기에 멈출 수가 없어서 상대를 계속 바꾸어 가면서 바람을 피운다면 우리는 그를 일컬어 '바람둥이'라고 합니다. 어쩌다가 술 마시고 실수를 하면, '에이, 술 마시고 실수할 수 있지'라고 했지만 날마다 술에 취해 비틀거리며 몸을 못 가눌 정도로 술에서 헤어나오지 못하면 '알콜 중독자'라고 하지 사람 취급을 하지 않습니다. 그 짓이 삶이 되었기에.

다시 말해, 첫 번째 바퀴의 ①과 두 번째 바퀴의 ⑧ ⑨는 본질이 같습니다. 마찬가지로 첫 번째 바퀴의 ②와 두 번째 ⑩이 같고, 첫 번째의③ ④ ⑤ ⑥ ⑦ 두 번째의 ⑪ ⑫도 같은 본질인데 이름이 다를 뿐이라는 것을 새겨 두시길 바랍니다.

이를테면 '여성'이라는 본질은 같은데 어렸을 때는 계집아이, 또는 소녀, 여자아이라고 부르다가 다 자라면 아가씨, 숙녀라고 부르고 결혼을 해서 아이를 낳으면 엄마, 아줌마라고 달리 부르듯이, '남성'이라는 본질은 같지만, 머슴애, 소년, 청년, 아저씨라고 부르듯이 말입니다. 본질은 같은데 힘이 달라졌기에 이름을 다르게 부르는 것입니다.

두 바퀴의 굴대와 바큇살

구분	원인(번뇌:낄레사) 굴대	업(행위,짓:깜마)굴대	과보(결과:위빳까) 굴대
1회전	① 무명(아윗자)과	② 행(상카라)	③ 식(위냔) ④ 명색(나마·루빠) ⑤ 육입(사라·예따나) ⑥ 촉(팟사) ⑦ 수(웨다나)
2회전	⑧ 애(딴하), ⑨ 취(우바다나)	⑩ 유(바와)	⑪생(자띠) ⑫노·사(자라·마라나)

12연기, 고(苦)가 도는 모양. 윤회

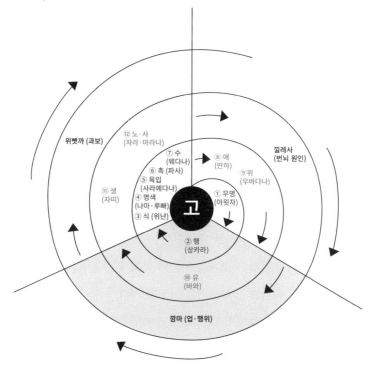

윤회(輪廻 : saṃsāra), 원인과 업 그리고 과보가 도는 모양.
낄레사(번뇌.원인)가 강해질수록 업과 과보도 커진다.

  지금까지 우리는 '낄레사를 까닭으로 깜마가 일어나고, 깜마를 까닭으로 위빳까가 생기고, 위빳까를 까닭으로 낄레사가 일어는 것'이 끊임없이 돌고 돈다는 걸 알았습니다.

  한마디로 연기법은 '사람 안에서 괴로움이 끊임없이 돌고 돈다'라는 사실, 네 가지 진리 가운데 '괴로움 진리'를 낱낱이 보여주고 있음을 알았습니다.

사람들은 업과 업의 결과를 잘못 알고 있다

'연기'법을 아는 것은 '업과 업의 까닭과 결과를 아는 것'입니다.

그런데 많은 불교도(佛敎徒)는 '업'을 제대로 알지 못합니다. 업은 그저 누구나 태어날 때부터, 태어나기 전의 어떤 삶으로부터 가져오는 것이라고 알고 있습니다. 그리고 업은 전생에 있던 번뇌로부터 일어나고, 지금 닥친 상황과 이렇게 사는 건 전생의 업의 과보를 받는 것이라고 말합니다. 이와 같은 견해는 불교가 아닌 다른 종교에서 이미 말하던 견해였다는 사실을 알아야 합니다.

이런 견해는 업의 결과가 바로 연결된다는 걸 알지 못하고 생각지도 못하며, '지은 업대로 똑같은 결과를 받는다'라고 받아들이고 있는 것이죠. 만약 내가 남의 손가락을 잘랐다면 나도 손가락을 잘리는 과보를 받고 받을 것이고, 남을 죽인 일이 있으면 나도 죽임을 당하고 당할 것이고, 남의 물건을 훔쳤으면 나도 도둑을 맞고 맞을 것이고, 거짓말을 했으면 나도 거짓말을 당하고 당할 것이라고 말입니다.

그러나 살인하고 도둑질이나 사기를 치면 나라 법으로 벌을 받고 감옥에 가는 것도 전생의 업의 과보를 받는 것이라고 한다는 건 업과 업의 결과에 대해 아무것도 모르고 하는 말입니다.

그리고 만약 권력을 가졌거나 재물이 많은 이가 죄를 짓고도 벌을 받지 않는다면, 다음 생에 분명히 받을 것이라고 합니다.

과보를 받는다는 말은, 어떤 이가 '잘못된 짓을 할 때, 대상으로부터 받은 느낌으로 담아두었다가 다시 그 짓을 그리워하는(목말라 함) 마음이 일어나는 것'입니다. 쉽게 말해 '했던 대로 다시 하고 느끼려고 한다'라는 말이며, 곧 '괴로움 속에 가두는 일'이라는 겁니다. 이보다 더 큰 과보가 있을까요?

넘치거나 모자란 잘못된 짓을 했을 때 받아들인 앎은 바뀌지 않습니다.

지금 어떤 것을 눈으로 보고 있어도 전에 보았던 대로 보려고 하고, 귀로 듣고 있어도 전에 들었던 대로만 들으려고 합니다. 냄새를 맡고 맛을 보고 느끼는 것도 마찬가지지요. 전에 담아둔(저장) 대로만 보이고 듣는 것도 그렇고 느낌도 마찬가지로 전에 느꼈던 대로만 느끼려고 합니다.

지금 눈앞의 대상은 잘못된 짓을 할 때의 그 대상이 아님에도 '그 대상 그 느낌을 그리워하고 목말라' 합니다. 이것이 업의 오롯한 결과일 뿐 다른 것은 없습니다.

도둑질하면 누가 알거나 모르거나 상관없이 이미 도둑놈인 겁니다. 훔칠 때 들키지 않고 뭔가 얻었다는 생각에 짜릿한 느낌이 들고 느낌이 좋았다면, 그 느낌은 과보가 되어 번뇌를 일으킵니다. 돈은 없고 뭔가 아쉽기는 하고 그럴 때마다 다시 훔치고 싶어집니다. 이것이 업이 주는 과보라는 겁니다.

느낌에 대해 비유하자면, 낚시하는 이들은 물고기가 미끼를 물 때 낚싯대로 전해져 오는 느낌 그것을 흔히 손맛이라고 하는데 그 손맛을 느끼려고 낚시를 한다고 합니다.

직업이 어부도 아니고 물고기를 잡아야 생계를 이어가는 형편도 아니고, 잡았다가 놓아주면서도 순전히 손맛을 느끼기 위해 한다는 거죠. 게임 도박도 마찬가지겠지요? 잭팟(jackpot)이 터졌을 때 그 느낌이 너무 좋았기에 다시 그 순간을 잡으려고 돈이 떨어져도 벗어나지 못하듯 말입니다.

사람을 죽이거나 물건을 훔치거나 뺏거나 성폭행이나 성추행을 하거나 거짓말을 하거나 마약을 하거나 모두 같은 원리라는 겁니다.

'그런데 어떤 이는 죄를 짓고도 감옥도 가지 않고 잘만 살던데 왜 과보가 따르지 않는가?'

어리석은 질문입니다. 나라의 법으로 죗값을 치렀다 해도 괴로움 속에서 살아야 하는 이도 있고, 죗값을 치르지 않았어도 행복하지 않고 괴로움이라는 과보는 끊임없이 이어지니까요.

나고 죽는다는 말의 설명을 더 보태자면, 만약 어떤 이가 사람을 죽이거나 도둑질했는데 그 느낌 그 상태가 24시간 365일 순간순간 계속 이어지고 있을까요? 바람을 피웠는데, 그 느낌 그 상태가 24시간 365일 이어질 수 없을 것이고, 마약 하는 사람이 마약 기운이 사그라지면 제정신이 들어오는 것처럼 오취온이 어그러지고, 사그라드는 상태, 그것이 생·노사라고 하는 겁니다.

꼭두각시로 놀아나다가(生) 차츰차츰 제정신으로 돌아오고(老), 나중에는 온전히 제정신이 드는(死). 그러니까 낄레사의 꼭두각시일 때는 사람이 사그라지고, 본디 사람으로 돌아올 때는 꼭두각시 힘이 떨어져 사그라졌다가, 다시 번뇌에 놀아나서 꼭두각시 짓을 하면 사람은 사그라지고, 꼭두각시가 사그라지고 제정신이 되면 사람이 되는…, 이렇게 돌고 도는 윤회를 하고 있습니다.

괴로움이 생기는 까닭이 소멸하지 않는 한 사람과 오취온이 번갈아 나고 죽고 나고 죽고를 되풀이하는 것이나 다름없습니다. 우리의 일상으로 보면 어느 때는 괴로워서 짜증 내다가 또 어느 때는 즐겁다고 웃고 울다가 웃다가 화냈다가 행복하다 슬프다 되풀이하는….

교도소에는 같은 죄(罪)를 짓고 들어온 이들이 아주 많습니다. 비단 교도소라는 세상만 그런 게 아니죠. 내가 있는 사회 속에서도 같은 버릇으로 사람 관계를 불편하게 하는 이들이 있습니다. 감옥에 갈 정도로 큰 잘못이 아니라서 그렇지 작은 괴로움들은 지금, 이 순간에도 계속 일어나고 있습니다. 가만히 따지고 보면 말버릇이나 손버릇 마음보를 잘못 써서 일어나는 일들이고 이것이 바로 윤회라는 것이지요.

이와 같으므로 '괴로움의 진리'이며, 사람에게서 괴로움이 돌고 도는 '돌고 돎, 윤회'라고 합니다.

비록, ⑪자띠 ⑫자라 · 마라를 끝으로 두 번째 바퀴가 끝나지만 사실 낄레사(원인)와 깜마(업) 위빳까(과보)는 계속 돌고 있다는 걸 알아두시길 바랍니다.

연기에 일반 견해와 붓다의 진리는 어떻게 다른가.

	전에 알던 견해	ariya-sacca (아리야 삿짜)
윤회에 관한 앎	인간을 포함한 육도 중생이 나고 죽고 나고 죽고…,	행위로 인한 고락이 돌고 돎
연결된 삶	삼세:전생, 현생, 내생	현생
업(행위, 짓)과 과보의 관계	자신이 지은 그대로 삼세 동안 반드시 받는다. ex) 살생이나 폭행, 또는 도둑질을 했다면 자신도 언젠가는 그런 과보를 받는다.	업을 짓는 순간 그 과보를 받는다. ex) 살생하면 살인자, 폭행하면 폭행범, 도둑질하면 도둑놈이 되는 것이다.
무명에 대한 앎	- 사성제를 모르는 것 -근본 요소가 생멸함을 괴로움으로 모르는 것 근본 요소의 자연 성품을 알지 못하는 것	사성제를 모르는 것 괴로움을 잘못된 업을 짓는 순간 과보로 생겨나는 오취온을 모르는 것
연기에 대한 앎	이것이 있으므로 저것이 있는 식으로 열두 가지가 일어나고 생명체의 죽음으로 이생은 끝남	잘못된 업을 짓는 걸 첫 번째 바퀴로, 그 느낌을 목말라하며 지었던 업을 또다시 짓는 걸 두 번째 바퀴로 보여줌

3장

내가 아님에 대한 말씀

「내가 아님 경(無我經)」

꼰단냐를 비롯한 다섯 수행자는 법을 이해하고 비구가 되기를 청하였고 붓다께서는 이를 허락하십니다. 비구가 된 것입니다. 흔히 '무아경'이라고 하는 이 말씀은, 중도(팔정도)를 펴 보이시자, 지혜의 눈이 생긴 다섯 비구에게 다음으로 일러 주신 가르침입니다.

"비구들이여, 이 몸(느낌, 기억, 생각, 앎)은 내가 아니오.

비구들이여, 이 몸(느낌, 기억, 생각, 앎)이 나라면

이 몸(느낌, 기억, 생각, 앎)은 병들지 않아야 하고,

이 몸(느낌, 기억, 생각, 앎)이 이렇게 되기를 바라면 그렇게 뜻대로 되어야 하오.

비구들이여, 이 몸(느낌, 기억, 생각, 앎)은 내가 아니기에
몸(느낌, 기억, 생각, 앎)은 병들고, 이렇게 되기를 바라지만 이렇게 되지
않는다오.

無我로 풀이한 '아낟따'란

붓다께서는 담마를 이해한 다섯 비구에게 몸(루빠)이 나라면 병들지
말아야 하는데 그렇지 않다고 말씀하면서 이어 느낌(웨다나), 기억(산
냐), 생각(쌍카라), 앎(위냐나)에 대해서도 말씀하십니다. 그리고 '알았으
니 앞으로 할 것'에 대해서도 일러줍니다.

'담마를 알고 바른길을 가는 이들이 반드시 알아야 할 것'을 보여주는
것이지요.

"비구들이여 이 몸은 내가 아니오."라고 하는데요. 이건 무슨 뜻일까
요?

다섯 무더기 가운데 맨 먼저 나오는 색을 물질이라고 하며, 사람에게
서 물질은 곧 몸이겠지요? 그런데 이 몸이 내가 아니라니, 여기서 말하는
몸은 어떤 몸인지 알아야겠습니다.

붓다는, 만약 이 몸이 '나'라면 내가 원하는 대로 따를 것이다. 그러나
물질은 나를 따르지 않는다. 그러므로 '아낟따'라고 하십니다. 몸이 어떤
식으로 나를 따르지 않는지를 살펴보죠.

몸이 병들면 괴롭습니다. 여기서 병든다는 말은 번뇌에 놀아나는 상
태, 곧 비정상인 상태를 말합니다. 그런 까닭으로 누구나 병들지 않고 괴

롭지 않고 싶습니다.

그러나 병들지 말고 괴롭지 말라고 해도 따르지 않습니다. 만약에 이 몸이 '나'라면 내가 하고 싶은 대로 응당 되어야 하는 게 맞지요. 나를 따르고 내 뜻대로 돼야 하는 거죠. 병들지 않고 괴롭지도 않아야 합니다. 그런데 내 마음대로, 내 뜻대로 안 됩니다.

붓다는, '나'가 아닌 것은, 나를 따르지 않고 뜻대로 하지도 않고, 나를 따르지 않는 건 내가 아니고 내가 될 수 없다고 했습니다.

'아낟따'의 an는 '아니다', atta는 '나'라는 뜻이므로 풀이하면 내가 아님이 되는데, 글자 그대로 풀어도 '내가 아닌 것'이 됩니다.

붓다는 비구들이여! "물질(루빠)은 내가 아니다."라고 처음에 하셨고, 다음으로 "느낌(수)도 내가 아니다. 기억(상)도 내가 아니다, 생각(행)도 내가 아니다, 앎(식)도 내가 아니다."라고 하셨습니다.

느낌이 나(atta)라면 병들지 말라고 하면 병들지 말아야 합니다. 그러나 그렇게 안 되지요. 그러므로 내가 아니라는 겁니다. 기억이나 생각 앎도 이와 마찬가지로 설명하셨습니다.

내가 원하는 대로 되지 않고 반대로 일어나는 몸, 느낌, 기억, 생각, 앎은 모두 내가 아니라고 알아야 합니다. 말하자면 번뇌에 놀아나는 오취온은 내가 아니라는 겁니다.

내가 없으면 남도 있을 수 없다

그런데 많은 이들은 아낟따를 '사람이 아니다'라고 설명하고 있고, 더 나아가 '나라고 말할 실체가 없는데 무엇을 나라고 할 것인가?' 하면서

'내가 없다'라고 이해하고 있습니다. 그러다 보니 '사람이라고 할 것이 없다'라고 하면서 무아(無我:내가 없다)를 강조합니다.

그러나 내가 없으면 남도 있을 수 없습니다. 남이라는 말은 내가 있을 때만이 쓸 수 있는 말로서 내가 없으면 남도 없는 것일 수밖에요.

그런데도 많은 이들은 붓다의 아낟따(내가 아님:非我) 가르침을 無我로 이해한 걸 아주 자랑스러워하기도 합니다.

- 부처님은 많은 이들이 따르는 '앋따'라는 견해의 높은 벽을 뚫고 '내가 없다'라는 견해를 선언하셨다. 우리들의 스승이신 부처님의 가르침은 어떤 누구와도 같지 않은 특별한 법이다. 부처님의 특별한 법을 아는 우리는 헤아릴 수 없을 만큼 복이 많은 사람이다. - 라고 하면서, 더 나아가 '나라고 할 것이 없는데 집착할 게 무언가?'라고도 합니다.

이들에게 붓다의 가르침과 다른 사상을 견주어 뛰어난 점을 말하라고 하면 아마도 '무아'라고 꼽을 것입니다.

붓다가, 오늘날 불교도들이 생각하는 것처럼 '무아: 내가 없다'라고 선언했다손 치더라도 다른 종교 사상보다 더 특별하거나 뛰어나게 다를 것은 없습니다.

다른 종교인들이 이미, (붓다처럼) '무아'라고 말하지는 않았지만 현실에서 '무아'를 인정하고들 있기 때문입니다.

무슨 말인가 하면 불교를 뺀 나머지 종교들 모두가 '인간은 창조되었다'라고 믿습니다. 그들은 자신을 만든 조물주를 받들고 자신을 그저 한낱 피조물이라고 생각합니다.

피조물인 사람은 스스로 주인이 될 수 없습니다. 좋은 일이든 나쁜 일이든 모두 창조주의 뜻이라고 한 치의 의심도 없이 믿고 받아들이고 있고, 그저 창조주의 뜻대로 살 뿐이라고 믿고 있으니까요. 이미 생각과 삶에 '무아: 내가 없다'라고 고스란히 받아들이고 있는 이들의 무아와 불교도의 무아가 다른가요? 아니요. 손톱만큼도 다르지 않습니다.

좀 다른 점이 있기는 합니다. 불교도들은 '아낫따'를 '무아'라고 믿으면서도 다른 종교의 신도들처럼 창조주의 뜻이라고 고스란히 믿는 이는 별로 없습니다. 그러면서 자신에게 좋은 일들이 일어나면 전생의 업이 좋았기 때문이라고 하면서 '나'라는 고유 영역에 넣어 버립니다. 어쨌든 '무아'라고 알더라도 특별하거나 뛰어난 법은 아니라는 겁니다. 여느 다른 종교 사상보다 더 특별한 것도 없고 뛰어날 것도 없는 그저 여러 종교 가운데 하나일 뿐입니다. 그러니 이것으로는 자랑할 일이 아니지요. 자랑한다면 잘못된 일입니다.

아마도 다른 종교에서 '아낫따'를 얼마나 잘 실천하고 있는지, 얼마나 '아낫따'의 삶을 잘 사는지 모르기 때문에 이처럼 자랑하는 걸 겁니다.

힌두교 사상에는 '아트만(자아)'이 있다고 합니다. 그 '아트만'은 힌두교도들의 신이 만든 것이라고 믿습니다. '아트만'은 내 안에 있는 것이지만, (아트만) 그것이 병들고 아프면 누구도 막을 수 없다고 알고 믿습니다. 그것을 창조한 신의 뜻대로 일어나고 있는 것이라고 여기기 때문이지요.

이렇듯 붓다의 '아낫따'를 '내가 없다'라고 아는 것은 다른 종교의 가르침과 다를 게 없습니다. 그런데 '내가 없다' 하는 것은 '남도 없는 것'

이 될 뿐만이 아니라 사실 별 이로움도 없습니다.

잘못 이해했기 때문에 오는 해로움을 생각하지 못하고 있습니다. 스스로 '내가 없다'라고 받아들이니 마찬가지로 '남도 없다'라고 받아들이게 되며 또 그렇게 되도록 버릇을 들입니다. 거듭 되풀이하여 버릇을 들이니까 '나' '너' '내 것' '남의 것'이라는 생각들도 줄어듭니다. 생각이 줄어드니까 행동도 줄어들게 됩니다. 문제는 이런 생각과 행동들이 자리 잡을수록 남에게 했던 좋은 버릇들도 줄어들게 된다는 겁니다. 쉽게 말해 사람이 할 도리를 잃는 겁니다.

이렇게 잘못 받아들인 이들은, 부끄러운 짓이나 미안한 짓을 하고도 부끄러운 줄 모르고 미안해할 줄도 모르고, 배려할 줄도 모르고, 두려운 일 앞에서 두려워할 줄도 모릅니다. 미안함, 부끄러움, 두려움, 배려 같은 일들은 크게 중요하지 않은 일들이라고 생각하고 하고 싶은 대로 하고 삽니다.

바른 일 좋은 일 잘못된 일 분별할 필요 없다고 여기며, 굳이 바른 일을 실천하거나 그른 일을 피할 필요가 없다고 여깁니다. 하거나 피하면 '무아사상'이 흔들린다고 여깁니다.

정업(또는 善業)이나 악업이란 말은 사람이 행하는 데에서 나오는 말들입니다.

'무아'는 '사람이 없다.'인데, 사람이라고 할 것이 없는데 무엇이 정업, 악업을 지을 수 있을까요? 사실 '짓는다'라는 말은 '짓는 사람'이 있을 때만 쓰는 말입니다. '짓는 사람이 있다'라고 받아들이면 '안따'를 받아들이는 것이 되겠지요. 그런데 정업 악업을 받아들이지 않으면서 업의 원인과 결과가 있다는 말을 받아들일 수 있을까요? 끝내는 정업 악업의 뿌리(원인)와 그 결과도 인정하지 않는 큰 허물을 짓게 됩니다.

이들의 그릇된 굳은 견해는 크게 세 가지가 있습니다.

첫째, 업을 인정하지 않고, 둘째, 업의 원인을 인정하지 않으며, 셋째, 업의 결과도 인정하지 않는 것입니다. 이런 굳은 견해는 다른 말로 하면 고정관념이겠지요?

이런 그릇된 견해를 가진 이는 붓다가 가르침을 펴던 시대에 흔히 육사외도(六師外道)라고 일컫는 이들 가운데 한 명이었던 '막칼리 고살라'의 견해였습니다.

붓다는 이런 견해에 대해 한마디로 '사람을 꼼짝 못 하게 가둬두는 창살과 같다'라고 하셨지요.

'몸과 느낌 기억 생각 앎을 나라고 할 수 없다. 나도 없고 너도 없다'라고 아는 이들은 스스로 창살을 만들고 있는 것이며, 그 감옥에 들어가기 위해 애를 쓰는 것과 다름없는 일입니다.

그리고 다른 종교와 전혀 다르지 않은 같은 견해로 사람이라는 고유 영역의 존귀한 가치를 무너뜨릴 뿐입니다. 그러면서 부처님의 특별한 법이라고 자랑한다면 오히려 부처님의 가르침을 욕되게 하는 것이나 다름없지요. 또한 사람의 도리를 하지 못하도록 하고 사람을 쓸모없이 만드니까 허물도 이만저만의 허물이 아닙니다.

'아낫따'의 특징과 진짜 뜻

　붓다는 사람이 잘못되도록 일러주신 게 아닙니다. 사람들이 붓다의 말씀을 잘못 생각하고 이해했기 때문에 이렇게 된 것이지요. 잘못 생각했기에 틀릴 수도 있고, 틀리는 게 무리는 아닐 겁니다. 왜냐면,「아낫따경」은「전법륜경」과 함께 맨 처음 설하셨으나 너무 오래되었고, 빨리어 삼장(三藏) 안에서도 이 두 경은 따로 떨어져 있기에 연결해서 보아야 한다는 걸 몰랐을 테니까요.

　그런데 이 두 경을 잘 살펴보면 말씀하는 이와 듣는 이의 때와 곳이 모두 같습니다. 다시 말해 맨 처음 법을 설하신 곳은 이시빠타나 사슴 동산이며, 그곳에서 다섯 사문을 위해 '치우치지 않은 길 사람의 길, 팔정도'를 알려주셨습니다. 그리고 바로 이어 '아낫따'를 설하셨던 겁니다.
　이 가르침 두 가지는 하나와 하나가 이어져 있습니다. 그런데 이렇게 이어져 있는 가르침을 따로따로 받아들이면 물질, 느낌, 기억, 생각, 앎이라는 '아낫따'의 특징을 잘못 이해하게 됩니다.

　붓다께서 물질은 '아낫따'라고 하니까 모든 물질을 가리키는 이름이라고 알아들은 겁니다. 그리고 복잡하게 생각할 필요 없이 느낌, 기억, 생각, 앎도 '아낫따'라고 알아들은 거죠. 그리고는 바로 '사람은 없다'라고 이해한 겁니다. 그러나 이건 아주 큰 잘못입니다.

　어째서 이렇게 되었을까요?
　조금 더 자세히 살펴보기로 하죠.

다섯 비구는 법을 아는 이들이다

이 '아낫따'경을 듣고 있는 다섯 비구는 이 법이 낯설지 않습니다. 맨 처음 붓다께서 설하시는 법을 닷 새에 걸쳐 듣고 낱낱이 이해하였으므로 모두 '법을 이해한 이(수다원)'였던 겁니다.

이 다섯 비구는 법을 이해한 뒤 앞으로 실천할 것에 대한 말씀을 이어서 듣고 있는 것이지요.

다시 말해 붓다께서는 법을 안 다섯 비구에게 실천할 수 있도록 일러주고 계시는 겁니다.

그럼, 다섯 비구가 '안 것'은 무엇일까요?

우리는 '아낫따'를 물질, 느낌, 기억, 생각, 앎이라고 얄팍하게 알고 있지만, '괴로움이라는 거룩한 진리'라고 알아야만 제대로 안 겁니다. '괴로움 진리'에 들어있는 것들은 몸, 느낌, 기억, 생각, 앎입니다. 다섯 비구는 이것을 제대로 알았습니다.

그럼 알 필요가 없는 몸, 느낌, 기억과 생각, 앎도 있는 건가? 그렇습니다. '괴로움 진리'가 아닌 '몸, 느낌, 기억, 생각, 앎'은 알아야 할 것들이 아닙니다.

그럼 '괴로움 진리'에 맞는 '물질, 느낌, 기억, 생각, 앎'이란 어떤 것인가?

빨리어로 '우빠다나 칸다' 곧 '움켜잡음의 다섯 무더기'입니다. 다시 말해 '목마름과 움켜잡음으로 생긴 물질, 느낌, 기억, 생각, 앎'입니다. 곧 세 가지 목마름 때문에 일어나는 깜마와 그 결과가 되는 '몸, 느낌, 기억,

생각. 앎'이 '움켜잡음 다섯 무더기(오취온)'입니다.

그럼 '움켜잡음 다섯 무더기'가 아닌 것은 무엇인가?

세 가지 목마름이 일으키지 않아 깜마를 짓지 않은 '몸, 느낌, 기억, 생각, 앎'인데 이것은 '아누빠다 칸다(오온:그냥 다섯 무더기)'입니다.

그러니까 다섯 무더기를 하나는 '우빠다나 칸다' : 목마름으로 인해 잘못된 업을 지었을 때 생기는 몸, 느낌, 기억, 생각, 앎. 그다음 '아누빠다 칸다' : 잘못된 업을 짓지 않는 몸, 느낌, 기억, 생각, 앎. 이 두 가지로 알아야 합니다.

이것을 완벽히 이해한 이들을 '법을 안 이'라고 합니다. 다섯 비구 같은 이들이지요.

많은 불교도는 법을 제대로 이해하지 못하니까 붓다께서 말씀하신 아낟따를 모든 '몸, 느낌, 기억, 생각, 앎'을 뜻하는 것으로 이해하고 있습니다.

거듭 강조하는 말이지만 이 '아낟따 경'은 '법을 안 이'들에게 설하신 겁니다. 그러니까 법을 안 이만이 이 '아낟따 경'을 이해할 수 있는 거죠. 이해하지 못한 채 이 가르침의 뜻을 가지려니까 갈팡질팡 가리산지리산하고들 있는 겁니다.

가리산지리산하는 건 병이다

병(病)은 사람이 아니죠? 이것을 '아낟따' 곧, '내가 아니다'라고 말하고 있는 겁니다.

붓다께서 '내가 아니다'라고 말하는 '물질, 느낌, 기억, 생각, 앎'은 사람에게 손님처럼 찾아온 병이요. 마음에 파고들어 온 적일 뿐입니다.

사람의 몸 안팎에는 여러 가지 병들이 생깁니다. 버짐처럼 대수롭지 않은 작은 병에서부터 암이나 백혈병에 이르는 큰 병까지 있죠. 하루에도 몇 차례씩 머리가 지끈거리고 배가 아픈 일도 많습니다. 이런 병들이 몸에 생겼지만, 사람들은 '내 것'이라고 하지 않습니다.

예, 맞습니다. 내가 아니죠. 그저 병일 뿐입니다.

그렇듯 마음으로 일어나는 '느낌, 기억, 생각, 앎'에도 병이 있습니다. 마음의 병은 모두 낄레사로부터 생깁니다. 탐욕, 성냄, 어리석음, 시기, 질투, 의심, 들뜸, 교만…, 이런 마음의 때 번뇌에 절어있고, 끄달리고, 움켜잡히고, 헐떡거리고, 숨어있다가 휘몰아치고 얽어매면 사람의 도리를 잃고 잘못된 짓을 합니다. 이런 것들이 마음의 병이고 내가 아닌 겁니다. 내 몸 내 마음이 아니고, 낄레사에 놀아난 꼭두각시입니다.

내 몸과 마음이 아닌 것은 진짜 내가 원하고 뜻하는 대로 따르지 않고 반대로 합니다.

그래서 이것들은 '내가 아닌 아낫따'이며 번뇌에 놀아나는, 낄레사에게 부림을 당하는 꼭두각시일 뿐입니다. 이것들은 사람이 아니므로 사람 자체로 보면 안 됩니다.

한번 생각해 보죠. '번뇌에 놀아나는 잘못'을 사람이 태어날 때부터 가지고 온 것일까요?

아닙니다. 번뇌에 놀아나는 버릇이 들다가 몸에 배면서 잘못된 짓이 겉으로 드러난 겁니다. 반대로 그런 잘못된 버릇이 있음을 알고 바른 좋은 버릇을 들이면, 잘못된 버릇은 차츰차츰 없어져 바른 좋은 행위를 짓는 사람이 됩니다.

그런데 잘못된 버릇이 없어졌다고 해서 사람도 없어지는 건 아니겠죠? 사람은 남아있습니다. 이것을 보면 '사람과 번뇌에 놀아난 꼭두각시는 같지 않음'을 알 수 있습니다. 또한 사람과 번뇌에 놀아난 잘못이 같이 있을 수 있는 것처럼, 사람만 있고 잘못이 없는 것도, 사람과 번뇌에 놀아난 잘못이 같지 않음을 분명히 알게 하는 사실입니다.

번뇌에 놀아난 꼭두각시, 이것들은 사람과 사람이 서로 대할 때 모자라거나 넘치는 짓을 하게 합니다. 모자라거나 넘치면 우리는 나쁜 것, 좋은 것으로 구분해 말합니다만, 사람끼리 서로 대할 때 모자라거나 넘침 두 가지에서 벗어난 행위가 있음을 알아야 합니다. 그것은 바로 알맞은 행위, 팔정도로 대하는 것을 뜻합니다.

'아난따'는 번뇌에 놀아난 다섯 무더기, 곧 몸, 느낌, 기억, 생각, 앎이라는 것을 다섯 비구는 바로 알아들었습니다. '아난따'는 사람한테 눌어붙은 나쁜 손님이자 방해꾼이나 적일 뿐 내가 아니라는 것을 말입니다.

'아난따경'은 사람을 없애는 법이 아닙니다. 더 나아가 붓다께는 '실천해야 할 것'이라고 하셨습니다. 무얼 실천해야 한다는 걸까요?

어떤 이가 넘치거나 모자라는 잘못된 짓을 한 번 하게 되면 그 결과가 다시 이어집니다. 다시 말해 결과가 나중에 잘못된 짓을 다시 하고 싶게끔 만듭니다. 그러다 보니 잘못된 짓을 '내가 한다'라고 생각합니다. '내가 곧 잘못된 짓의 까닭이고 결과'라고 생각하는 것이지요.

그리고는 자기 자신을 지키기 위해 '나'라고 여기는 제 잘못된 짓도 지키고자 합니다. 그러니 잘못된 짓들은 그에게서 떠나지 않고 오히려 그를 지배합니다. 마침내 잘못된 짓은 그에게 위험한 병이 되고 적이 되어 그를 집어삼키고 망가뜨려서 괴로움을 겪게 합니다.

보기를 들어볼까요?

사람들은 저마다 하는 짓, 행위에 따라 그에 걸맞게 이름을 붙여 부릅니다. 이를테면 늘 훔치는 짓을 하면 도둑놈이라 하고, 거짓말을 잘하면 거짓말쟁이 사기꾼이라 하고, 성욕을 다스리지 못하고 추행하거나 폭행하면 성폭행범이라고 하고, 도박이나 노름하면 노름꾼 도박중독자라고 하고 마약 같은 것을 끊지 못하면 약쟁이라고 합니다.

문제는 사람들이 '그는 그런 인간일 뿐'이라고 생각하기 일쑤고 그렇게 굳어지고, 그들 또한 사람들로부터 업신여김을 받을지언정 그 행위로 자신을 지키며 그 버릇이 사라지지 않도록 지켜갑니다. 자신의 잘못된 짓을 자기라고 잘못 알고 고집하며 사는 이들도 많습니다. 이런 이들을 '유신견(有身見)'을 따르는 이라고 해야 합니다.

잘못된 짓은 내가 아닙니다. 분명 내가 한 짓이지만 나는 아니지요. 술중독이 되어 술만 마시면 술주정을 하는 이가 있습니다. 술기운에 소리를 지르고 아무에게나 시비 걸면서 욕하고 심하게는 물건을 부수고 사람을 때리기까지 한 짓들은 분명 그가 했지만 '그'라고 하지 않습니다.

술기운이 시켜서 한 거라고 하지요. 미친 짓도 마찬가지로 정신에 탈이 나서 미친 짓을 하는 것이니 '그'라고 할 수 없습니다. 이런 일들은 헤아릴 수 없이 많죠?

해서는 안 될 짓을 했어도 사람들은 '술을 너무 마셔서 제정신이 아닌' '술이 술을 마셔서 그래'라고만 기억합니다. 말을 거칠게 해도 '술 취해서'라며, 대수롭지 않게 너그러이 봐주곤 합니다. 너그러이(?) 봐주는 일 또한 술을 끊지 못하는 까닭이 되긴 하지만 사실, 이렇게 잘못된 짓을 하는 이도 그 짓을 하는 까닭이 있습니다. 그 짓을 하면 '행복할 것, 즐거울 것'이라고 생각하고 즐겁고 행복한 걸 목말라 하기 때문입니다. 바로 이것이 잘못입니다. 이 잘못은 정신(마음)에 탈이 난 이들에게서 일어납니다.

정신에 탈이 났다는 건 무엇일까요?

자신의 잘못된 짓이든지, 남의 잘못된 짓이든지 즐겁고 재밌고 달콤하게 느끼며 마치 늪에 빠져들듯 그 맛을 지키려고 합니다. 그 맛이 엷어져 가면 달콤함을 다시 갈망하고, 갈망하기에 만났던 대상들의 맛을 더 달콤하게 기억해 둡니다. 대상을 있는 그대로 볼 수 없는 지경에 이릅니다. 그러니 올바른 정신 상태가 아니고 정상이지 못한 상태지요. 바로 말하자면 잘못된 짓을 하는 이는 몸에 탈이 나면 환자라고 하듯이, 마음에 탈이 난 환자(患者)나 마찬가지입니다. 그런 까닭으로 잘못된 짓은 그가 했지만, 그가 한 것이라 할 수 없고 마음에 탈이 나서 한 것이라고 해야 합니다.

이 정신병은 사실 바깥에서 들어온 번뇌, 무명이 한 짓이고, 사람에게는 아주 쓸모없는 것이고 위험한 적이나 마찬가집니다.

　이와 같은 까닭으로 붓다께서는 잘못된 짓과 잘못된 짓 때문에 생기는 결과들, 곧 몸, 느낌, 기억, 생각, 앎 무더기 오취온은 '내가 아니다'라고 하신 것입니다.

　자, 지금까지 '아낫따'란, 번뇌로 잘못된 짓의 결과로 생기는 몸, 느낌, 기억, 생각, 앎은 자신을 병들게 하고 괴롭게 하는 것들이고, 병들지 말라고 해도 소용없는 '내가 아니'라는 것을 알았습니다.

　이 '아낫따'는 사람 세상에서 아주 중요한 것입니다. 이것을 제대로 이해하지 못하면 붓다의 담마와 어긋나게 되고, 담마와 멀어지고 오히려 어렵고 성가시고 번거로운 것이라고 여깁니다.

　아낫따를 내가 아님이 아닌, 내가 없다는 무아로 알고 가다 보면 붓다의 담마는 사람과 가까워질 수 없습니다. 담마에서 멀어진 사람은 사람과 어우러질 수 없고, '나만의 세상'에서 사는 이처럼 좀 이상한 사람이 될 수가 있는 거죠.

'아닛짜'와 '둑카'의 바른 뜻
비구들이여, 어떻게 생각합니까?
이 몸(느낌, 기억, 생각, 앎)은 견고합니까? 견고하지 않습니까?
붓다시여, 견고하지 않습니다.

　붓다는 다섯 비구에게 아낫따를 설명하면서 몸과 느낌, 기억, 생각, 앎들은 견고(닛짜)한가? 견고하지(아닛짜) 않은가? 라고 묻고 비구들은 견고하지 않다고 대답합니다. 몸뿐만이 아니라, 느낌 기억 생각 앎에 대해서도 같은 질문과 대답이 이어지고 있습니다.

그리고 견고하지 않은, '아닛짜'는 행복(수카)인가 괴로움(둑카)인가에 대해서도 묻고 대답하기를 이어갑니다.

'아닛짜'란 무엇이고 '둑카'란 무엇인가 알아보겠습니다.

빨리어 '아닛짜'를, 한자로는 '무상(無常)'이라고 옮기고 다시 '소멸' '사라짐'으로도 풀이하고 있습니다. 그러나 아닛짜에는 두 가지 뜻이 있습니다. 첫째, '일어나고 사라진다'라는 뜻과 둘째, '일어나는 동안 망가진다'라는 뜻입니다.

일어나고 생기는 동안에 단단하지 않으면 달라지거나 망가지고, 일어나고 생기는 동안에는 단단했다가도 그 뒤에 단단하지 않으면 망가진다고 알아야 합니다. 이런 상태를 빨리어로 아닛짜라고 합니다.

그럼 뭐가 어떻게 달라지고 망가지는 것일까요? 두 가지를 구분해서 알아야 합니다. 왜냐면 둘의 뜻이 아주 크게 다르기 때문입니다.

자, 먼저 '일어나고 생기는 동안에 달라지거나 망가지기 때문에 아닛짜'라고 한다면, 진흙으로 짓는 집이라던가 날림으로 지은 건물들은 단단함이 없으니까 '망가짐'이라고 해야 하겠지요.

이를테면 강철이나 벽돌 또는 돌로 지은 건물이라면 짓고 있는 동안에도 단단하니까 좋다고 해야 하고, 진흙이나 덩굴 또는 풀로 짓는 건물이라면 짓는 동안에도 단단하지 않으므로 아닛짜라고 해야 하겠지요. 이것이 일어나고 생기는 동안에 '달라짐' 또는 '망가짐'의 모양이라 할 수 있습니다. 여기서 아닛짜는 '나쁘다'라는 뜻이 됩니다.

그리고 일어나고 생긴 뒤의 '망가짐'은, 벽돌이나 철 또는 돌로 지은 집이 태풍이나 지진이 일어나 무너져 버렸거나 너무 오래되어 낡고 삭아져서 허물어져 버린다면 또한 망가짐이라고 해야겠지요?

이 경에서 붓다께서 말씀하신 뜻이 정말 이와 같을까요? 아니면 다를까요? 낱낱이 살펴보도록 하겠습니다.

먼저 붓다께서는 어느 곳에 어떤 뜻으로 썼는지를 알아야 합니다.

우리는 앞에서 '아난따'가 사람의 몸과 느낌 기억 생각 앎이 잘못된 짓을 할 때 생겨난 다섯 무더기, '오취온'을 뜻한다는 걸 알았습니다. 그렇다면 여기서도 '망가지고 사그라지는 것은 오취온'이라고 알아야 합니다.

그냥 다섯 무더기 오온은 망가지고 사라지지 않는가? 아닙니다. 오온도 망가지고 사라집니다. 무엇이든 생겨나면 사라지기 마련이니까요. 그러나 여기서 말하는 '망가짐'이라는 말은 오취온만을 말하는 것이지 오온을 말하는 것이 아니라고 분명하게 알아야 합니다.

'아닛짜(망가짐)의 특징'은 '괴로움 진리(苦諦)의 특징'이기 때문입니다. '고제의 특징은 둑카고, 둑카는 곧 오취온'이니까요.

다시 말해 붓다께서는 오취온이 하는 짓만을 '망가짐(Vaya)'이라고 하셨습니다. 오취온이 하는 짓은 바르지도 않고 단단하지도 않으며 흐트러

져 있습니다. 그래서 '아닛짜'라는 것을 분명하게 알아야 합니다. 앞에서
도 말했듯이 마음에 탈이 나 바르지 않고 흐트러진 이들은 정신에 바이
러스가 들어온 상태이고, 번뇌에 놀아났다 쉬었다 하는 것입니다.

'아닛짜' 곧, 오취온 짓, 오취온의 업을 보면 뚜렷하게 알 수 있습니다.
어떤 이가 사람을 죽였다고 합시다. 그가 사람을 죽일 때의 짓은 없어졌
지만, 사람을 죽인 짓 때문에 죽은 사람의 가족들이 괴로움을 겪는 건 물
론이고 저 자신도 괴로움을 받습니다. 싸이코패스가 아닌 이상 정상의
사람이 낄레사에 부림을 당해 저지른 짓, 사람을 때리고 물건을 훔치고
빼앗고 사기 치고 성폭행한다면 그건 사람이 '망가진' 상태입니다.

이런 짓들이 일어났다가 사라져서 '망가짐'이라고 하는 게 아니라, 그
결과까지 안 좋고, 흐트러지고 어그러졌기에 '망가짐'이라고 하는 겁
니다.

이처럼 오온과 오취온은 아주 다릅니다. 그냥 두루뭉술 말할 수 없습
니다. 그런데 오온을 없애라고 한다면 죽으라는 소리와 같은 거겠죠? 그
럼 우리가 팔정도로 오취온 짓을 안 하면 오온이 되는 건가? 아니지요.
오온도 오취온도 아닌 '오불취온'이 되는 겁니다.

오온:五蘊:pañca-kkhandā	부모로부터 받은 자연 생명체의 몸과 마음
오취온:五取蘊, pañca-upādāna-kkhandā	번뇌에 놀아나 잘못된 짓을 하는 몸과 마음
오불취온:五不取蘊, pañca-āupādāna-kkhandā	번뇌에 놀아나지 않는 몸과 마음

오취온으로 하는 짓에는 좋은 짓도 있습니다. 누구나 나쁘다고 아는 잘못된 짓에 견주면 좋은 짓이지만 사람 세상을 하찮게 보고 고개 돌려 무시하면서 어느 한 가지 대상에만 집중하거나 사람을 사람으로 안 보는 삶을 짓는 동안은 아닛짜, 곧 망가짐이라고 할 수 있습니다.

설명하자면, 자원봉사를 하거나 베풀거나 계를 지키는 좋은 일일지라도 하는 그의 목적이 천국이나 극락에 가기 위해, 또는 좋은 몸을 받기 위해서라면 바른 가치관이 아닐뿐더러 견고하지도 않고 흐리터분(모호)하므로 아닛짜인 겁니다.

다시 말해 좋은 짓이든, 안 좋은 짓이든, 선정을 쫓는 짓이든 번뇌에 놀아나 잘못된 짓을 지으면 곧바로 원인과 결과로 이어지며, 그 순간부터 바로 망가짐이라는 겁니다.

오취온의 짓은, 좋은 짓이든 안 좋은 짓이든 할 때 저장된 느낌이 좋다고 기억이 되었거나 좋은 것이라고 기억되어 다시 하고 싶게 목마름을 일으키며 그 행위를 다시 하고야 마는 상태를 말합니다. 쉽게 말하면 중독된 상태인데 그게 망가짐입니다.

숨은 갈애(목마름)로 하지 말아야 할 짓을 되풀이하는 걸
현대 심리학에서는 '행위 중독'이라고 한다.
'일 중독', '섹스중독' 같은 것들이 바로 그렇다.
놀라운 것은 '약물중독'과 과정이 같다고 한다.
불교에서는 마음에 잘못 저장된 낄레사, 숨은 갈애를 원인으로 본다.

이를테면, 술을 해독하는 간 기능이 약한 이에게는 술이 독입니다. 한 잔이던 한 병이던 마시는 만큼 독이 되기에 안 마시는 것이 그에게 가장 좋은 것이겠지요? 폐가 약한 이에게 담배나 안 좋은 공기가 독입니다. 한 모금이던 한 개비던 하는 만큼 간이나 폐에 독으로 쌓일 테고 쌓이고 쌓이다 보면 건강에 치명타를 입게 됩니다.

그런데 중독이 되었기 때문에 스스로 자꾸만 핑계를 대고 변명을 합니다. 술에 중독된 이는 '에이, 한두 잔 정도는 괜찮아', '오늘 같은 날 이 정도는 마셔줘야지' 좋으면 좋아서 한잔, 안 좋으면 안 좋아서 한잔, 오직 술 마실 핑계만을 끌어다 끝내는 마시고 맙니다.

담배를 피우는 이는 '에이, 한 모금인데 뭘!' 기분 좋아서 한 모금 기분 나빠서 한 모금 심지어는 밥을 먹은 뒤 식후 연초는 불로장생이라며 피

웁니다.

마찬가지로 노름이나 도박 같은 돈내기 게임, 마약도 이로움이 없고 오히려 손해가 나고 사회에도 문제가 되는 일이라 하지 말라고 해도 중독이 된 이들은 사흘을 못 넘기고 한 달을 못 넘기고 손을 잘라도 하고 생명의 위협을 느껴도 합니다. 왜일까요? 번뇌에 부림을 당해 올바른 판단력이 무너진 상태이기 때문입니다.

그러니까 '아닛짜'란, 일어나고 사라짐의 상태가 아니라는 겁니다. 다시 말해 술을 안 마시다가 마시고, 마시다가 안 마시는 걸 말하는 게 아니라, 번뇌에 끌려가 오취온의 상태, 술을 마시고 있는 동안 술기운이 돌아 견고하지 않고 올바르지도 않고 흐트러지기에 무상한, '망가짐'이라고 한다는 말입니다.

우리는 이 '망가짐 아닛짜'가 되지 않고 오불취온이 되도록 해야 하는데요. 어떻게 해야 오불취온이 될까요? 그 길은 바로 '여덟 가지 바른길'입니다. 그리고 이 팔정도를 제대로 가려면 '괴로움의 진리'를 분석하여 낱낱이 꿰뚫어 알아야 합니다.

'괴로움 진리'를 분석해서 알아야 한다는 것은 무슨 말일까요?
'잘못된 업(깜마:행위:짓)은 마음의 때(낄레사:번뇌) 때문에 일어나며 결과를 만든다. 결과는 다시 마음의 때가 되고 다시 업을 일으킨다. 그렇게 업은 '괴로움이 돌고 돌게끔' 한다'라고, '윤회란 짓과 원인 결과라는 바퀴 굴대로 나누어져 돌고 있음'을 낱낱이 아는 것을 곧 '괴로움 진리를 분석하여 안다'라고 말할 수 있습니다.

'아닛짜'의 뜻을, '마음의 때는 일어나고 사라진다. 하는 짓도 일어나고 사라진다. 그 결과도 일어나고 사라진다. 마음의 때(낄레사) 바퀴 테에 들어 있는 것들(무명, 애, 취)도 일어나고 사라진다. 업이라는 바퀴 테 안에 들어 있는 것들(행, 유)도 일어나고 사라진다. 결과 바큇살 안에 있는 것들(식, 명색, 육입, 촉, 수, 생, 노사)도 일어나고 사라진다'라는 식의 '일어나면 사라짐'이라고 한다면, 하나가 일어나고 하나가 사라지는 것만 본다면, 그 하나하나의 일은 어떻게 알 수 있을까요?

일어나면 사라짐을 무상이라고 번역하면 '괴로움 진리'를 분석해서 안다고 할 수 없습니다. 공(空)이나 선정을 좇는 일만 될 뿐이고, 물질을 쪼개고 쪼개어 더 쪼개고 나눌 수 없는 근본 요소라고 알도록 수행하는 것밖에는 안 됩니다.

붓다의 진리를 실천하는 이들은 사람을 근본 요소로 보질 않습니다. 다섯 무더기의 업만 봅니다. 업의 자연 성품들의 일어나고 사라짐을 보는 것이 아니라, 업의 원인과 결과가 어떤 모습과 어떤 방식으로 돌고 있는지, 돌고 있는 나쁜 모습들을 낱낱이 나누어 알도록 공부합니다.

비구들이여, 견고하지 않은 것은 괴로움인가요? 행복인가요?

붓다시여, 괴로움입니다.

비구들이여, 견고하지 않고, 괴로움인 것을 '내 것, 나'라고 보는 것이 옳습니까?

붓다시여, 옳지 않습니다.

비구들이여, '이것은 나'라고 여겨 잘난 체하고 집착하는 게 옳습니까?

붓다시여, 옳지 않습니다.

붓다는 다섯 비구에게 '몸과 느낌, 기억, 생각, 앎들은 견고한가? 견고하지 않은가?'라고 묻고 비구들은 '견고하지 않다'고 대답하고, 이어서 느낌 기억 생각 앎에 대해서도 같은 질문과 대답이 이어지면서, 붓다가 '망가짐'이 되는 것들(물질. 느낌. 기억, 생각. 앎)은 괴로움인가? 즐거움인가? 어떻게 생각하는가? 라고 또 묻자 다섯 비구는 '괴로움이라고 봅니다'라는 대답을 하였습니다.

그럼 다섯 비구가 알았다는 '괴로움'은 무엇일까요? 괴로움의 종류가 두 가지인데 다섯 비구는 어떤 괴로움을 알았다는 것일까요?

괴로움의 종류 두 가지는 앞에서 설명한 대로 '업의 괴로움'과 '느낌의 괴로움'이 있습니다. 이것을 '법을 처음 열어 보임' 마당 가운데 '괴로움 진리' 장에서 뜻을 충분히 알아보았습니다.

'느낌의 괴로움'은 붓다의 '괴로움 진리'에서 말하는 괴로움이 아니며, '괴로움 진리'에서는 오로지 '업의 괴로움'을 말합니다.

'괴로움의 특징'은 곧 '괴로움 진리'의 특징이기도 합니다. 그러므로 괴로움의 특징이 되는 괴로움도 느낌과 관련 있는 것이 아니라 업과 관련이 있습니다.

안타깝게도 오늘날 불교도들은 거의 모두가 '느낌의 괴로움'을 괴로움의 특징이라고 여기고 있습니다. 미얀마 삼장법사(三藏法師:경·율·론을 모두 외우고 읊을 수 있는 스님) 한 분이 '괴로움의 특징'을 노래한 게송(偈頌:'가타'라고 하며 가르침의 글귀를 노래나 시로 표현한 글) 한 구절을 끌어다가 글로 남겼습니다. 우리 말로 하면 임종게(臨終偈)라고 할 수 있지요.

그 스님의 스승이 죽음을 앞두고도 알아차림을 놓치지 않은 일을 세상 사람들에게 알리기 위해 써두었던 게송이라고 합니다.

몸과 마음이 일어나고 사라질 뿐 다른 일어남 사라짐은 없네.
이 몸과 마음이 일어났다가 사라지니 곧 무상(아닛짜)이요.
일어났다가 사라지면서 몸과 마음을 괴롭히니 둑카(괴로움)요.
내가 원하는 대로 따르지 않으므로 아낫따(둑카)로구나.

이 게송을 쓴 분은 6차 결집 때 질문에 대답하는 중요한 역할을 맡을 정도로, 미얀마 종교성에서 인정하는 아홉 종단의 최고 어른 스님(밍곤사야도)이며, 정부를 대표하는 단체의 이로움을 위해 애쓴 어른 스님으로 영국 런던 박물관에 동상으로도 모셔져 있는 분입니다.

이런 영향력이 있는 어른 스님이 '일어나고 사라지므로 몸과 마음을 괴롭혀서 둑카'라고 하였기에 많은 불교도가 아닛짜의 뜻을 그렇게 알고들 있습니다.

정말 둑카의 특징이 이것이고 이 풀이가 맞는 걸까요?
'일어난다'라는 건 의심할 나위 없이 물질, 느낌, 기억, 생각, 앎이 일어난다는 것이고, '사라진다'도 일어난 것이 사라지는 것이니 물질, 느낌, 기억, 생각, 앎이 사라진다는 말이겠지요. 그리고 '괴롭힌다' 함은 이렇게 일어나고 사라지고 일어나고 사라지고 하니까 괴롭다는 뜻입니다.

참으로 이해하고 받아들이기 어렵습니다.
몸, 느낌, 기억, 생각, 앎은 일어나기도 하고 사라지기도 합니다. 그런데 이것이 정말 괴로움을 주는 걸까요? 일어났으면 일어난 그대로 있지 않고 사라지니까 괴로움을 준다는 걸까요? 아니면 일어남 그 자체가 괴로움을 준다는 걸까요? 그도 아니면 눈·귀·코·혀·몸이라는 느낌 물질들(세포)이 일어났다가 사라지니까 괴롭다는 것일까요?

이렇게 괴로움을 주는 것이므로, 없애버리면 그 괴로움에서 벗어날까요? 그럼 태어날 때부터 눈과 귀에 장애가 있어 느낌 물질이 아예 없으면 괴로움이 없을까요? 일어남이 괴로움이라면 사라짐은 괴롭지 않아야 하는 것 아닐까요? 태어날 때부터 볼 수 있고 들을 수 있는 느낌 물질이 아예 없는 이는 일어나고 사라질 게 없고, 그로 인해 괴로움을 받지 않으니 좋은 게 아닐까요? 그런데 막상 물어보면 좋다고 말하지 않습니다.

지금 게송을 보면 일어남도 괴롭고 사라짐도 괴롭다고 하니 갈피를 잡을 수 없습니다.

우리의 몸을 이루고 있는 살갗이나 혈액 그리고 헤아릴 수 없이 많은 세포가 순간순간 생멸(生滅)하고 있습니다. 죽는 순간까지 끊임없이 생멸, 생멸, 생멸해야 하는 게 자연의 법칙이고 본디 성품입니다. 본디 성품대로 일어나고 사라질 뿐이며 만약 생멸하지 않으면 오히려 고통이 따를 것이므로, 일어나고 사라짐은 괴로움이 아닙니다. 어디 혈액이나 세포들 뿐이겠습니까?

밥을 먹었으면 필요한 만큼 남기고 나머지는 몸 밖으로 내보내 먹었던 것들이 사라져야 합니다. 이런 사라짐(소화)이 없으면 사람으로 있을 수 없습니다. 사라짐이 있기에 사람으로 살 수 있는 건데 어떻게 몸과 마음을 괴롭힌단 말일까요? 이것은 마치 아무런 문제가 없는 걸 문제 삼는 어리석은 짓과 같습니다.

우리의 몸과 마음을 고통스럽게 하는 것은 오로지, '번뇌에 부림을 당해 잘못된 짓을 지은 결과의 몸, 느낌, 기억, 생각, 앎인 다섯 무더기뿐'입니다.

번뇌에 휘둘리지 않은, 곧 업이 되지 않는 몸과 느낌, 기억, 생각, 앎의 본디 성품 법칙으로 일어나고 사라지는 것은 고통스러운 것이 아니라고 알아야 합니다.

오취온이 둑카라는 말은 이 오취온의 몸과 입, 마음이 끊임없이 거칠고 모자란 짓을 하므로 사람으로서 가져야 할 마음가짐을 잃게 하고 사람의 지혜도 엎어 버려 사람과 사람의 관계를 어그러뜨리기에 괴로움을 준다는 뜻입니다.

업의 괴로움을 느낌의 괴로움으로 알아서는 안 됩니다. 업을 살필 줄 아는 지혜가 있어야지 업으로 오는 괴로움도 볼 수 있습니다. 미얀마 사람들은 '둑카'하면 덮어놓고 무조건 느낌의 괴로움으로 받아들이고 일상생활에서 씁니다. 발만 저려도 '둑카(괴롭다), 둑카!' 머리만 아파도 '둑카, 둑카!' 하면서 말이죠. 그러나 붓다께서 말씀하신 둑카는 느낌의 둑카가 아니고, 업으로 오는 둑카라고 분명하게 알아야 합니다.

특히 명상 수행할 때, 괴로움의 특징을 느낌의 괴로움을 괴로움의 뜻으로 생각하고 알아차림 하면 몸, 느낌, 기억, 생각, 앎에서 찰나 일어나고 머물고 사라지는 것이 끊어짐 없이 일어났다 사라지는 것만 보게 됩니다. 이것은 무색계 업만 짓는 겁니다.

자기 몸이 사라져 아무것도 없다고 보는 이도 있고, 그것이 해탈이라고 믿는데요. 아무것도 없다면 해탈도 이룰 수 없겠지요? 그리고 그것이 해탈이라면 그야말로 붓다의 가르침 뜻을 180° 어긋나게 실천하는 겁니다.

이렇게 되지 않도록 괴로움의 특성을 살필 때는 원인과 결과 법에서 설명한 대로 '낄레사와 깜마와 위빳까가 바퀴 돌듯이 돌고 도는 것이 괴로움'이라고 알아야 합니다.

연기의 맨 앞에 나오는 '무명'이란, '苦를 苦로 모르는 상태' 곧 '오취온을 모르는 상태'라고 했습니다. 고를 고라고 모른다는 말이 뭘까요? 고를 고라고 알아야 하는데 즐거움 또는 좋은 것이라고 안다는 말입니다.

사람이라면 누구나 태어날 때 오온 곧 다섯 무더기를 가지고 태어났습니다. 그런데 살아가면서 환경 조건에 따라, 또는 잘못된 정보를 만나고 자신만의 견해가 생기고, 거기에 '나'라는 집착이 생기면서 번뇌에 부림을 당하는 무더기 '오취온'이 생겨서 苦라는 과보를 자꾸만 불러옵니다. 탐진치 번뇌에 휘둘린 몸뚱이와 마음이 몸으로(身業) 입으로(口業) 마음으로(意業) 자꾸만 잘못된 짓을 하니까요.

'나고 늙고 죽는다'라는 말에 사람이 나서 늙고 죽는다고 이해하고 있는데요. 그럼 이 앞에 지나온 것과 맞지 않겠지요? 무명에서 시작해서 돌다가 왜 갑자기 생이 나오는가? 사람의 삶, 일생으로 보면 말이 안 되는데, 되는 것처럼 나고 죽고 나고 죽는 것으로 설명하니까, 그런가 보다 하는 것이지요.

그러나 그런 게 아니라 사람 안에서 苦가 끊임없이 돌고 돌면서 힘을 키워가는데, 바른 앎과 바른 알아차림으로 딱 끊어주지 못한다면 계속 키우며 돌게 되어있습니다. 이것이 둑카, 곧 괴로움이라고 알아야 합니다.

지금까지 '아낟따(내가 아님)'의 특징과 '아닛짜(망가짐)'의 특징을 알아보았으며, 이 두 가지는 서로 연결되어 있음도 알았습니다.

보통 사람들은 아낟따는 아닛짜나 둑카 보다 범주가 더 넓다고 생각합니다. 까닭은 붓다께서 아닛짜와 둑카는 '상카라'로 표현하고, 아낟따는 담마로 표현했기 때문입니다.

그러다 보니 아낟따는 세상의 모든 것들, 심지어는 '닙바나'까지 가리키는 말이라고 알아듣고, '아닛짜와 둑카'를 오취온 정도로 이해하고 있습니다. 그래서 이 부분을 좀 더 살펴보기로 하겠습니다.

한마디로 말하자면 '아낟따·아닛짜·둑카'는 '괴로움의 진리:고제의 특징'이고, '괴로움의 진리'는 '오취온'이며, '오취온이란 업과 업의 결과'들입니다.

그리고 '업'이란 사람의 도리를 거스르는 '욕계의 좋은 짓과 나쁜 짓, 색계 무색계 좋은 짓'을 일컫는 말입니다. 그러니까 담마는 '아낟따'만 가리키는 게 아니라 '아낟따·아닛짜·둑카'를 가리키는 말이며 특징도 같습니다. 우리나라 불교에서는 흔히 '무상·고·무아'라고 하는 건, 같은 특징이며 같은 괴로움의 거룩한 진리에 들어가며 머리카락 한 올 만큼도 다르지 않습니다.

만약, '고제'도 아낟따, '도제'도 아낟따, '멸제'도 특징이 같은 아낟따라면 모순이 아닐까요?

'아닛짜와 둑카'는 '고제'에서 나타나는 특징이고, '멸제'는 '고제'와는 완전히 반대되는 특징을 갖고 있습니다. 곧 멸제의 닙바나는 '고제'와는 아주 반대인 앗따(atta:나)의 특징과 함께 닛짜(nicca:고정된)인, 늘 견고하며 평안하며 평화로운 특징을 가져야 합니다. 다시 말해 둑카(괴로움)가 아닌 수카(행복)의 특징이 있습니다.

그러나 사람들은 '닙바나'를 '나'라고 말하기를 두려워합니다. 그리고 '아낟따'를 진짜 진리라고 집착합니다. '앗따'는 '아낟따'의 반대라고 알기 때문이지요.

사람들은, 붓다께서 '담마빠다(법구경)'에서 '모든 법은 아낟따'라고 하신 적이 있고, 다섯 비구 가운데 앗싸지가 우빠띠싸 뿌라붓(뒷날 사리불이 됨)에게 게송 한 구절을 말하면서 '쌍카라'를 '담마'라고 한 것을 근거로 모든 법을 아낟따라고 이해하고, 닙바나도 아낟따라고 하고 있습니다만, 사실 '닙바나'는 'atta'의 특성이 있습니다. atta가 지닌 뜻은 '다스림', '알맹이', '의지할 곳 없음'입니다. 힌두교도들이 말하는 것처럼 생이 끝나 다른 생으로 옮겨 가는 나를 말하는 것이 아닙니다. '나'를 더 정확하게 말하면 '닙바나에 이른 이', '자기 자신을 이긴 이'를 뜻합니다.

'아낟따'를 바탕으로 공부하려면

붓다는 「아낟따 경」에서 "아닛짜와 둑카, 아낟따의 특성이 있는 오취온을 '나' '나의 것' '나의 몸'이라고 여기면 알맞은 일인가?"라고 다섯 비구에게 물으셨을 때 다섯 비구는 "붓다시여, 알맞지 않습니다."하고 대답하였습니다.

그러자 붓다는 "그렇다면 이와 같은 특징이 있는 오취온을 내가 아니고, 내 것이 아니고, 내 몸이 아니라고 알아야 하오."라고 하셨습니다.

이제 '아낟따 경'을 거의 마무리할 때가 됐습니다.

앞에서는 '번뇌에 물든 몸, 느낌, 기억, 생각. 앎'이라는 오취온은 내가 아니고(아낟따), 망가진 것(아닛짜)이고 괴로움(둑카)이라고 배웠습니다.

그럼, 아낟따 아닛짜 둑카의 특징을 알고 나서 오취온에 대해 어떤 마음을 가져야 하는가?

비구들이여, 그러므로 이미 사라졌거나, 지금 있거나, 나중에 생겨날 몸(느낌, 기억, 생각, 앎), 안에 있거나 밖에 있는 몸(느낌, 기억, 생각, 앎), 거칠거나 부드러운 몸(느낌, 기억, 생각, 앎), 하찮거나 고귀한 몸(느낌, 기억, 생각, 앎) 가까이 있거나 멀리 있는 몸(느낌, 기억, 생각, 앎), 그 모든 몸(느낌, 기억, 생각, 앎)을, '이것은 내 것이 아니고, 이것은 내가 아니고, 이것은 잘난 체하고 집착해서는 안 될 몸'이라고 있는 그대로 바른 지혜로 보아야 하오.

붓다는, "비구들이여! 훌륭하오. 이와 같은 세 가지 특징이 있는 오취온이 드러나면 어떤 마음가짐을 두면 좋겠소? 이것은 나다. 이것은 내 것이다. 이것은 내 몸이다. 라고 마음가짐 하는 것이 올바른 것이오?"라고 물었고 다섯 비구는 "붓다시여! 알맞지 않습니다. 과거 미래 지금, 안과 바깥, 멀고 가까움, 거칠고 부드러움, 낮고 높음이라는 때와 곳, 상황에 따라 일어나는 오취온은 내가 아니고, 내 것이 아니며, 내 몸이 아니라고 정말 있는 그대로 보고 알도록 하겠습니다."라고 말씀드렸습니다.

오취온과 11가지	때에 따른 세 가지	과거, 미래, 지금
	곳에 따른 네 가지	안과 바깥, 멀고 가까움
	상황에 따른 네 가지	거칠고 부드러움, 낮고 높음

다섯 비구는 붓다께 말씀드린 대로 공부하였고, 그들은 마침내 낄레사와 아사와(asava:漏)에서 돌고 도는 흐름을 남김없이 끊어버리고 완전한 자유(닙바나)를 얻었습니다.

「아난따 경」은 우리가 살면서 무엇을 해야 하는지를 알게 하는 경입니다. 우리가 흔히 수행이라고 하는 것은 곧 닦음인데요. 그 닦음은 다름이 아니라 붓다의 담마를 깊이 생각하고 또 생각하기를 거듭하며 맞는지 안 맞는지도 살핀 뒤 실천하는 것입니다.

다섯 비구는, 맨 처음 붓다로부터 담마를 들은 이들이고 이해한 이들이었기에 '아난따 경'도 온전히 이해할 수 있었습니다.

그럼 붓다의 가르침, 담마를 이해하면 세상은 어떻게 보일까요?
사람은 태어나면서부터 주변 환경에 익숙해지고 길들여지고 버릇이 들어갑니다. 그렇게 길들여지고 버릇된 대로 사람들과 관계를 맺으며 다섯 가지 욕망의 대상에 맞는 것만 목적으로 삼고 살아갑니다.

그렇게 탐욕이 욕망하는 목적을 쫓아 가지만 끝이 없습니다. 마치 공을 물속에서 누르고 있다가 공을 놓치면 다시 잡고 또 놓치면 다시 잡으려고 하는 것과 같지요.

그러다가 힘이 떨어지면 지쳐서 '아! 고통이다' 하고는 탐욕의 대상에서 멀리 떨어지려고 애쓰고, 대상을 만나지 않으려는 길을 목적 삼아 다시 또 다른 목적에 빠집니다.

'사람들은 탐욕과 그 대상에 끌려다니며 괴로움을 받는다'라고 보면서 탐욕과 대상을 버리면 행복하지 않을까 생각하는 것이지요. 그러나

힘만 들고 궁극에는 행복해지지도 않는다는 걸 알게 됩니다.

비구들이여! 이렇게 말한 대로 보고 듣는 지혜로운 제자들은, (오취온의) 몸을 싫어하고, 느낌을 싫어하고, 기억을 싫어하고, 생각을 싫어하고, 앎을 싫어한다오.
(오취온을) 싫어하기에 집착이 사라지고, 집착에서 벗어난다오.
(오취온에서) 벗어나면 (나는) 벗어났다고 아는 지혜가 생기오.
'(오취온이) 생겨남은 끝나고, 여덟 가지 성스러운 행을 다 닦았다.
해야 할 일을 마치고 다시 이것을 위해 해야 할 일은 없다'라고 뚜렷이 안다오.

붓다께서는 이와 같은 법을 말씀하셨고, 다섯 비구는 기쁘게 받아들였습니다.

이 가르침을 듣고 다섯 비구의 마음은 (오취온을 내 것, 나라고) 집착하지 않고, 번뇌에서 벗어났습니다.

지혜로운 사람들, 곧 붓다의 가르침을 이해한 사람은 치우친 길로는 자유와 행복 평화를 얻을 수 없다는 걸 압니다. 괴로움에서 벗어나기 위해서는 '치우치지 않은 바른길'을 가야 한다고 압니다.

붓다의 가르침을 이해한 이들은 세상을 볼 때 '네 가지 진리'로 봅니다.

그리고 사람들이 왜 괴로움에서 벗어나지 못하는지를 알고, 벗어나지 못하는 까닭도 압니다.

벗어나는 방법을 알고, 벗어난 뒤의 자유와 행복과 평화도 압니다. 담마를 아는 이는 네 가지 진리를 아는 이고, 세상에서 흔히 말하는 수행을 하는 것이지요.

담마를 이해한 이는 '할 뿐인 일'을 합니다. 할 일을 하고 알아야 할 것을 낱낱이 꿰뚫어 알고, 알면 없애야 할 것을 낱낱이 없애며, 없애면 자유와 평화로움에 이릅니다.

'아난따 · 아닛짜 · 둑카'인 오취온을 '나, 나의 것, 나의 몸'이라고 움켜잡지 못하게끔 하는 가르침으로 이 경(經)을 꿰뚫어 알았다는 겁니다.

담마를 이해한 이는, 이미 알았던 것일지라도 담마에 비추어 보고 치우친 길은 아닌지, 치우친 길이라면 거기에 묶여 있지 않도록, 바른길을 버릇 들이며 담마를 실천합니다.

오취온은 과거 미래 지금과 같은 때, 안과 바깥, 멀고 가까운 곳, 거칠고 부드러움에 상관없이 일어납니다. 이것들이 일어나는 대로 몸과 입, 마음이 망가지지 않도록 지키는 것, 곧 알아차림 하는 일이 바로 수행입니다. 이 버릇이 되어 익어지면 오취온이 사라지고 괴로움이 없는 자유로운 삶을 살게 됩니다.

만약에 누군가 아토피나 암(癌), 코로나 바이러스를 '나' '나의 것' '나의 몸'이라고 여긴다면 사람들은 그를 보고 바보 멍청이라고 할 것입니다. 그렇듯 번뇌에 놀아나 생겨난 오취온은 마음에 붙어있는 아토피 균이나 암 덩어리, 코로나 바이러스 같은 겁니다. 번뇌에 놀아나 생겨난 오취온은 아바타요, 마리오네트요, 꼭두각시입니다. 내가 아닙니다.

4장

알아차림이 앞장섬에 대한 말씀

「대념처경(大念處經)」

찬탄

저는 이와 같이 들었습니다.

한때 붓다는 꾸루족이 사는 지방 읍내 깜맛사담마에 머무셨습니다.

붓다는 "비구들이여!"라고 불렀고

비구들은 "네, 붓다시여!"라고 대답했습니다.

이 가르침의 이름은 「마하 사띠-빠타나-경:大念處經: Mahāsatipa-ṭṭhāna-Sutta」이며, 「디가-니까야:Dīgha-Nikāya:긴 길이의 말씀 모음」 대품(大品)에 들어있는 가르침인데, 꾸루:Kuru의 깜맛사담마:Kammassdhamma라는 큰 도시에서 설하셨다고 합니다.

여기에서 마하(Mahā)는 '크다, 넓다 빠르다'와 같은 뜻을 가졌기에 大

로 옮긴 것입니다.

　이 경은 미얀마 불교도들에게는 아주 낯익으므로 절이나 명상센터의
이름으로도 많이 쓰고 있습니다. 그리고 이 가르침을 좇아 행하지 않는
이들도 거의 없을 겁니다.

　미얀마가 독립한 뒤에 더욱더 많이 퍼져나갔고, 큰 도시나 작은 도시
더 나아가 작은 마을까지도 이 경의 이름의 선원이 있고 이 가르침으로
수행을 하고 있습니다. 또한 미얀마 불교도들에게 '수행'이라 함은 이
'마하 사띠-빠타나'를 빼고는 말할 수 없을 정도고, '수행'한다고 하면
「마하 사띠-빠타나 경(經)」 가운데 한 가지를 하는 겁니다.

　이 경을 우리말로 하면 '알아차림이 앞장섬 경'이라고 하고 두 부분으
로 나누어 살펴보겠습니다.

붓다는 비구들에게 다음과 같이 말씀하셨습니다.
"비구들이여, 이 길은 중생을 맑게 하고, 걱정과 통곡을 이겨내게 하고,
괴로움과 분노가 사라지게 하고, 지혜가 생기게 하고,
닙바나를 이루게 하는 오직 하나의 길로서 네 가지 알아차림을 하는 공부
라오.
무엇 네 가지인가?
비구들이여, 비구는 몸(느낌, 마음, 법)에서 몸을 끊임없이 관찰하면서
지혜를 얻고 세상에 대한 탐욕과 성냄을 없애면서 살아간다오."

　사람들이 이 알아차림을 바탕으로 수행을 하며, 얻는 결과들도 여러

가지입니다. 어떤 이는 몸과 마음이 아주 좋아졌다고 하고, 또 어떤 이는 안 좋아졌다고도 하고, 드물게는 아예 정신이 이상해졌다고도 합니다. 드물게는 이런저런 일도 있다고 하는데 간추리자면 '알아차림(사띠빠타나) 수행'을 하는 사람들은 아주 많다는 겁니다.

이 경에 대해 알아보기 전, 먼저 이 경은 '할 일'을 보여주는 경이라고 알아야 합니다.

지금까지 공부했던 경 가운데 두 가지, '다섯 수행자에게 처음 설했던 경'과 '연기 경'은 법을 이해하도록 설명한 경이고, '아낫따'과 이 '알아차림 경'은 사람이 할 일, 수행에 관한 내용입니다.

이 경에서 짤막하게 간추리면,
첫째, '알아차림'을 함으로 얻는 이로움에 대한 찬탄. 둘째, '알아차림'의 종류 설명. 셋째, '알아차림'을 어떻게 하는지 설명. 이렇게 세 가지가 됩니다.

첫째, 알아차림 하는 공부를 하면 얻는 이로움(찬탄)에 대해 붓다께서는, "걱정과 근심, 슬픔에서 벗어난다. 몸과 마음에서 일어나는 언짢음과 괴로움이 없어진다. 지혜를 얻게 된다. 목마름이 없는 자유로움에 이른다."라고 하셨습니다. 그러므로 슬픔이나 걱정, 언짢음과 괴로움에서 벗어나고 싶고, 지혜를 얻고 싶고, 목마름에서 벗어나고 싶고, 자유로움을 얻기를 원하는 사람은 이 '알아차림'을 하면 됩니다.

네 가지 알아차림

두 번째, '알아차림'에는 모두 네 가지가 있습니다.

① 신념처(身念處:kāyānupassanā) - 몸을 살피면서 하는 알아차림

② 수념처(受念處:vedanānupassanā) - 느낌을 살피면서 하는 알아차림

③ 심념처(心念處:cittānupassanā) - 마음을 살피면서 하는 알아차림

④ 법념처(法念處:dhammānupassanā) - 법의 성품을 살피면서 하는 알아차림

'사띠-빠타나(sati-paṭṭhāna)란 알아차림을 우두머리로 둔 것의 이름'입니다.

그러나 미얀마 사람들은 흔히 빗길을 조심해야 할 때나, 어두운 길이나 차도를 건널 때 '조심해요'라는 정도로 이해하면서 쓰고 있기도 합니다.

'사띠-빠타나(sati-paṭṭhāna)'가 지닌 바른 뜻

sati에 paṭṭhāna가 더해져 만든 말로, sati는 기억, 알아차림, 주의라는 뜻이고, paṭṭhāna는 장소, 토대, 출발, 개시, 확립이라는 뜻이 있다.

여기서 sati를 '알아차림'으로 옮긴다. 이 말은 sar라는 말 뿌리(語根)에서 나온 말로 본디는 '기억하다'인데, 단순히 과거 현재의 사건이나 상황을 기억하는 데서 더 나아가 몸과 마음에서 일어나는 현상까지 놓치지 않고 기억하려는 것까지 말한다.

또한 보시, 지계, 선업, 공덕 들도 관심으로 지켜보고 관찰하고 기억하

는 것도 sati라고 한다. 그러기에 이 낱말은 흔히 마음 챙김, 알아차림, 주의집중, 깨어있음 등으로 옮기는데, '잊지 않고 기억하기 위해 관찰한다, 알아차림' 정도의 뜻으로 알면 무리가 없다.

paṭṭhāna의 뜻은 크게 세 가지, '장소, 확립한다, 앞장서다'로 설명한다. paṭṭhāna가 지닌 뜻과 sati의 관계를 어떻게 이해하는가에 따라 세 가지로 볼 수 있다.

첫째, '토대'나 '장소'로 이해하면 '알아차리는 대상'으로 볼 수 있다. 곧 넘처다.

둘째, '확립', '밀착'인데, 대상에 '확립하는 알아차림' 또는 '밀착하는 알아차림'이다. 대념처경 주석서에서는 이 뜻을 중요하게 본다.

셋째, '출발', '개시', '앞장섬'으로 본다. 곧 '알아차림이 앞장서 이끌어감'이 된다.

여기서는 알아차림에 힘씀(바른 노력)과 지혜가 함께 일을 하므로 앞장선다고 옮긴다. 알아차리는 목적이 세간(loka)에 대한 욕심과 성냄을 없애는 것이기에 '사띠-빠타나'를 '알아차림이 앞장섬 또는 이끎'으로 이해해야 한다.

좀 더 자세히 살펴보겠습니다.
도대체 무엇을 알아차림 하라는 걸까요? sati-paṭṭhāna에서는 아주 중요한 일입니다.

대충 알아서는 별 이로움이 없습니다. '어떻게 무엇을 알아차림 하는 지'를 올바로 모르면 어떤 이로움도 얻을 수 없고, 알아차림도 제대로 할 수 없습니다.

잘못 알아차림을 하면 알아차림을 하지 않은 것보다 못하고 알아차림을 하면서 얻게 될 이로움 들도 없습니다.

붓다는, "비구들이여, 몸을 따라가 살피고 탐욕과 성냄을 알아차림 하기를 힘써서 슬기(지혜)를 갖추며 세상에 대한 탐욕과 성냄을 없앤다오."라고 말씀하였습니다.

먼저, 몸을 알아차림 할 때는 두 가지를 중요하게 여겨야 합니다.
첫째, 몸에서 몸을 따라가며 알아차림 하기, 다음은 일어나는 욕심과 성냄을 슬기로 소멸하는 것입니다.

'kāyā'는 '몸'을 뜻하고, 'nupassanā'는 '계속 지켜본다'하는 말입니다. 몸을 볼 때는 숨이 들어오고 나가는 걸 보면 됩니다. 코끝을 본다는 마음으로 지켜보거나 배가 일어나고 꺼지는 것을 지켜보는 겁니다. 이걸 호흡(呼吸)을 본다고도 하는데요. 몸을 알아차림 할 때 막연하게 어디를 알아차림 해야 할지 모르잖아요? 그래서 숨을 들이쉬고 내쉬는 걸 지켜보는 건데, 만약 욕심이나 성냄이 들어가면 숨이 빨라지고 거칠어집니다. 이것이 '몸 알아차림'입니다.

수념처, 곧 '느낌 알아차림'도 마찬가지입니다.
느낌을 따라가 관찰하고 그 느낌에서 일어나는 탐욕과 성냄을 없애도록 알아차리도록 힘쓰고. 그렇게 할 때 일어나는 욕심과 성냄을 슬기로 소멸하는 것이 곧 느낌 알아차림입니다.

심념처인 '마음 알아차림'과 법념처인 '법 알아차림'도 마찬가지입니다.

그럼 욕심과 성냄이 무엇일까요? 그 뜻을 알아보도록 하겠습니다. 욕심과 성냄이라고만 했지만 사실 불교에서는 탐진치(貪瞋癡)를 말하고 있습니다.

'탐'은 한자로 '탐할 탐'이라고 하는데, 흔히 '탐욕', '욕심', '욕망'으로 표현하기도 합니다. 먼저 사전의 뜻을 살펴보겠습니다.

탐(貪)은 '가지거나 차지하고 싶은 마음'이라고 하고, 욕심은 '분수에 넘치게 무엇을 탐내거나 누리고자 하는 마음', 욕망은 '모자람을 느껴 무엇을 가지거나 누리고자 탐함. 또는 그런 마음', 우리말 게염은 '부러워하며 시샘하여 탐내는 마음'이라고 하는데요. 비슷비슷하고 하나같이 뭔가 고픈 상태입니다.

'진(瞋)'은 '성낼진'으로 보통 '성냄'이나 '화'의 뜻으로 씁니다. '마음이 언짢고, 일그러진' 상태죠. 그리고 어리석을 '치(癡)', 이 어리석음은 탐과 진과 짝꿍이 되어 일어나는데 보통은 어리석음과 욕심(탐)이 일어났는데 뜻대로 되질 않으면 일어나는 게 화죠. 화 또한 어리석음과 짝꿍이 되어 일어납니다. 어리석다는 것은 슬기(지혜)롭지 못하다는 뜻이겠지요?

문제는 탐욕인데, 뭔가 고프다는 말은 무슨 말일까요?

남이 가진 다섯 가지 대상과 그것이 가진 힘(그것의 가치나 개념)을 자신이 가졌던 것처럼, 아니면 가지면 좋겠다고 생각하고, 가지고 싶어 하는 마음이 큰 것을 말합니다.

그렇게 안 되었을 때 일어나는 성냄이라는 것도 다른 사람이 가진 다섯 가지 대상과 그것이 가진 힘들을 망가트렸던(파괴) 것처럼, 아니면 망가지는 걸 보고도 나쁜 생각을 하는 마음이 많이 일그러진 상태를 말합니다.

드라마나 영화 같은 일이 뉴스에 종종 나오죠? 욕망에 휘둘린 남편 또는 아내, 친구, 동료가 사람의 목숨보다 돈이나 집에 더 가치를 두어 상처를 주고 폭행을 하고, 더 심하게는 아무렇지 않게 살인을 하는…, 자기만의 이익을 위해서 남이야 어떻게 되든 말든 신경 안 씁니다.

그러니까 '사띠-빠타나'를 한다는 건 '알아차림을 앞에 두는 것'을 말합니다. 알아차림이 앞장서서 일하면 '힘씀과 슬기'들이 함께 합니다. '알아차림을 한다'라는 말은 '알아차림'만을 뜻하는 말이 아닙니다. 알아차림이 앞장서서 일어나는 걸 막는다는 말입니다. 낄레사가 끼어들어 마음, 생각이나 느낌들이 일어나는 조짐이 보이면 알아차림이 얼른 막아선다는 말입니다.

그럼 힘씀과 슬기는 무슨 일을 하는 건가?
알아차림 한 것을 없애는 일을 하는 것이지요. 바로 말하면 욕심과 성냄을 없애는 일입니다.

욕심과 성냄, 이것들은 어디서 일어나는 것일까요? 바로 오취온의

loka(세상)에서 일어납니다.

loka라는 말을 좀 알아보겠습니다. loka를 불교도들은 여섯 갈래의 중생이 사는 세간 또는 세상으로 옮깁니다.

그러나 붓다께서 말씀하신 loka는 그런 세상을 뜻하는 게 아니라 '오취온의 세상'을 말합니다.

오취온이 무엇인지는 앞에서 살펴보았으니 무엇을 뜻하는지 아실 겁니다. 이 오취온은 몸, 느낌, 마음, 법(대상들)에서 일어나는 것이라는 것도 알았습니다. 그러므로 '오취온 세상은 일어났다가 망가지고 사라지는 것'을 말하며, 사람에게서 일어났다가 망가지고 사라지는 것은 오취온뿐입니다. 곧 번뇌에 놀아나는 몸 세상(Kaya loka), 느낌 세상(vedanā loka), 마음 세상(Citta loka), 법 세상(Dhamma loka)인 것입니다.

몸 세상, 번뇌에 놀아나는 몸은 어떤 것인지 알아볼까요? 몸은 몸을 이루는 부분 부분과 그 부분 부분의 움직임들을 일컬어 몸이라 할 수 있겠지요. 그 몸을 두 종류로 나눌 수 있습니다. '번뇌에 놀아나는 몸'과 '번뇌에 놀아나지 않은 몸'입니다. 번뇌에 놀아나는 몸을 오취온 몸이라고 합니다. 이 오취온의 몸은 오불취온인 몸과 하는 짓이 다릅니다.

오취온 몸이 무엇인지 알려면 연기법을 살펴볼 필요가 있습니다. 12연기에 들어있는 몸이 바로 '오취온 몸'이니까요. 무명과 갈애, 곧 '아윗자와 딴하'라는 번뇌의 뿌리가 뻗쳐 몸과 마음을 지배해버린 상태, 번뇌에 부림을 당한 몸과 입, 마음이 하는 짓들이 있습니다. 그 짓은 넘치거나 모자란 나쁜 짓입니다. 그 짓의 결과인 '나마-루빠 사라-예따나' 이것을

'오취온의 몸 세상'이라고 하는 겁니다. '느낌 세상', '마음 세상', '법 세상'도 '몸 세상'과 마찬가지입니다.

　이런 몸 세상이 되지 않도록 몸을 관찰하고, 몸 세상에서 욕심과 성냄을 알아차림 하는 데 힘쓰고 슬기로 욕심과 성냄을 없애버립니다. 물론 느낌 세상. 마음 세상. 법 세상에서도 마찬가지로 해야겠지요. 이것이 '사띠-빠타나' 네 가지를 공부하는 모습입니다.
　이렇게 관찰할 때 관찰 대상인 몸. 느낌 마음 또는 법에 있는 욕심과 성냄 들을 없애기 위해서는 늘 알아차림과 힘씀, 슬기가 함께 하여야 한다는 걸 잊지 말아야 합니다.

오취온(五取蘊)	사념처(四念處)	알아차릴 대상	
색취온(色取蘊)	신(身)	몸(물질)	
수취온(受取蘊)	수(受)	느낌	네 가지 중요한 정신 기능
상취온(想取蘊)	법(法)	기억	
행취온(行取蘊)	법(法)	생각	
식취온(識取蘊)	심(心)	앎	

　'알아차림'은 이들 세상에서 욕심과 성냄이 어떤 모양 어떤 방법으로 일어나는지 지켜보는 일을 하는 겁니다. 지켜보고 안 것을 '힘씀'이 물러섬 없이 힘써서 빼냅니다. 욕심 또는 성냄은 없어졌지만 없어졌을 뿐, 오취온은 없어지지 않았습니다. 그러기에 '슬기'가 여러 번 꼼꼼하게 살펴

고 분석하여 다시 일어나지 않도록 해야 합니다.

전장(戰場)의 군대로 말하자면, '알아차림'은 적이 쳐들어오지 않는가 물 샐 틈 없이 살피는 경비병이나 정찰병과 같고, '힘씀'은 쳐들어온 적을 무찌르는 전투병과 같으며, '슬기'는 전체를 살필 줄 아는 지휘관이나 장군과 같은 겁니다. 욕심과 성냄은 적이겠지요.

이처럼 적을 무찌를 때 '알아차림'을 앞장세워 두고서 싸우기에 이 싸움을 '사띠-빠타나'라고 부릅니다.

온갖 알아차림에 대해 자세하게 펼침

「마하 사띠-빠타나 경」을 보면 '신수심법' 네 가지를 다시 갈래갈래 나누어 펼쳐놓았습니다.

'몸 알아차림'에서 열네 갈래, '느낌 알아차림'에서 아홉 갈래, '마음 알아차림'에서 열여섯 갈래, '법 알아차림'에서 다섯 갈래로 나누었습니다.

먼저 '몸 알아차림'을 보면 호흡(들숨·날숨), 자세(걷고, 앉고, 눕고, 서고), 요소(바람·물·불·흙), 몸의 32가지 기관(머리카락·터럭·손톱·발톱·이빨·살갗·살·근육·뼈·골수·신장·심장·간장·늑막·비장·폐·창자·엷은 막·위장·똥·오줌·머릿골·쓸개즙·가래·고름·피·땀·눈물·지방·림프·침·연골), 아홉 종류의 시체(부풀어 오름, 검푸르게 변함, 진물이 남. 팔다리가 떨어져 나감, 짐승들이 뜯어먹고 둠, 흩어져 있음, 갈기갈기 찢어져 있음, 구더기가 나옴, 뼈만 남음) 이렇게 열네 갈래가 있습니다.

'느낌 알아차림'에는 욕망이 함께하지 않은 즐거운 느낌, 괴로운 느낌,

덤덤한 느낌, (감각의) 욕망이 함께한 몸이 즐거운 느낌, 마음이 즐거운 느낌, (감각의) 욕망이 함께한 몸이 괴로운 느낌, 마음이 괴로운 느낌, (감각의) 욕망이 함께한 몸이 덤덤한 느낌, 마음이 덤덤한 느낌으로 아홉 종류가 있습니다.

'마음 알아차림'에는 욕심이 있는 마음, 욕심이 없는 마음, 성냄이 있는 마음, 성냄이 없는 마음, 어리석음(망설임)이 있는 마음, 어리석음이 없는 마음, 너그럽지 못한 마음(아까워함), 어지러이 흐트러진 마음, 고귀한 마음, 고귀하지 못한 마음, 세속을 떠난 마음, 세속을 떠나지 않은 마음, 집중하는 마음, 집중하지 않는 마음, 마음의 때에서 벗어난 자유로운 마음, 자유롭지 못한 마음, 이렇게 열여섯 종류라고 합니다.

'법 알아차림'에는, 가로막고 망가트리는 것(탐욕·성냄·게으름·들뜸과 걱정·의심), 오취온(번뇌에 놀아나는 몸·느낌·기억·생각·앎), 안(눈·귀·코·혀·몸)과 바깥(빛깔·소리·냄새·맛·닿음), 일곱 가지 깨달음의 요인, 네 가지 거룩한 진리, 이렇게 다섯 종류라고 합니다.

오늘날의 「사띠-빠타나」에서는 신수심법 네 가지 알아차림을 위와 같이 하라고 자세하게 펼쳐놓았는데요. 붓다께서 정말 이렇게 말씀한 것인지 아닌지는 불분명합니다. 왜냐면 요즘 '사띠-빠타나'와 관련해서 잘못된 견해가 없지 않기 때문입니다.

사실 이렇게 잘못된 견해로 내려 온 세월도 아주 오래되었습니다. 그렇다면 어떤 근거에 견주어 맞는지 맞지 않는지를 살펴볼 수 있을까요? 물론 붓다께서 말씀하신 가르침, 곧 경전을 바탕으로 견주어 보아야 할 것입니다. 먼저, 잘못된 견해 가운데 가장 으뜸은 '사띠-빠타나'에서 제일 기본으로 할 일을 "마음이 흐트러지지 않도록 해야 한다."라고 하는 것입니다.

잘못된 견해로 공부하는 이들은 '사띠-빠타나'를 '마음을 알아차림 할 대상인 몸, 느낌, 마음, 법에 묶어두는 것'이라고 합니다. 마음이 그 어디로도 가지 않고 보아야 할 대상에만 붙어있으면 사띠-빠타나를 잘한다고 여기지요. 말하자면, 알아차림 할 대상인 몸, 느낌, 마음, 법에 마음을 잘 묶어두는 말뚝 노릇을 하는 게 '사띠-빠타나'라고 안다는 것입니다.

미얀마에서 '사띠-빠타나'를 지도하는 어른 스님들 거의 아래와 같이 가르치고 있습니다.

"스님! 들숨 날숨을 어떻게 해야 하는지요?"

"날숨을 '날숨'이라고 보고, 들숨을 '들숨'이라고 보면 된다. 마찬가지로 배가 일어나면 '일어남'이라고 보고 꺼지면 '꺼짐(사라짐)'이라고 보면 된다. '일어남 사라짐', '들숨 날숨'을 보는 것 말고는 특별한 다른 것은 없다. 그것들에 마음이 빈틈없이 집중하면 된다."라고 말입니다.

정말 사띠-빠타나가 이와 같다면 밥을 먹고 있는 사람에게 "왜 밥을 먹는가?" 물었을 때 "밥이 있어서 먹는다" 또는, 길을 가는 사람에게 "왜 길을 가는 가는가?" 했을 때 "길이 있어서 간다"라고 하는 것과 다름없는 말입니다.

사실 밥을 먹는 데에도 까닭이 있고 살펴야 하는 겁니다. '먹을 게 있어서인가?', '배가 고파서인가?', '속을 채우기 위해서인가?', '힘이 떨어지지 않기 위해서인가?', '건강을 위해서인가?', '먹는 즐거움 때문인가?', '못마땅해서(스트레스)인가?' 살펴보면 까닭이 있습니다.

마찬가지로 길을 가는 것도 까닭이 있겠죠? '볼 일이 있어서'라든지 '만날 일이 있다'든지 말입니다.

알아차림의 목적은 괴로움을 사르는 것

정말로 '사띠-빠타나'는 마음이 하나의 대상에 빈틈없이 붙어 집중하는 데에 가치를 두는 걸까요? 하나의 대상에 마음의 말뚝을 박아 다른 대상으로 달려가지 못하도록 하는 것일까요?

오늘날의 불교도들은 사띠-빠타나를 마음에 말뚝을 세우는 일처럼 하고들 있습니다. 아마도 오랜 세월 입에서 입으로 전해져 내려오다 보니 잘못 외우고 잘못 전해진 게 분명합니다. 그러므로 이 부분을 좀 더 꼼꼼히 살펴보아야 합니다.

'사띠-빠타나'는 마음을 어느 한 대상에 말뚝을 박아놓고 보는 것이 아니며, 또한 알아차림 할 대상이 있어서 관찰하는 것도 아닙니다.

알아차림을 할 대상은 오취온이며, 오취온을 '나' '나의 것' '나의 몸'이라고 받아들이지 않도록 하는 일이 핵심입니다. 오취온을 '나' '나의 것' '나의 몸'이라는 생각하기에 괴로움에 이르고 마니까요. '사띠-빠타나'를 하는 까닭은 괴로움을 사르길 원해서입니다.

번뇌에 부림을 당하는 몸과 느낌, 마음, 법의 성품은 내가 아니며, 일어난 것 모두 내가 아니고, 내 몸이 아니라고 분명하게 알도록 해야 합니다. 오취온은 '나' '나의 것' '나의 몸'이 아닌 것을 뚜렷이 알기 위해 몸, 느낌, 마음, 법을 알아차림 해야 하며 오취온에 기대어 탐욕과 성냄이 일어나지 않도록 '알아차림과 힘씀, 슬기로 관찰해야 합니다.

오취온의 몸, 느낌, 마음, 법은 자신에게서 생겼지만 알아차림으로 '내가 아니다', '나의 것이 아니다', '나의 몸이 아니다'라고 알아야 합니다.

바깥에서 들어온 번뇌의 느낌들, 다시 말해 바깥에서 들어 온 병(病)이 사람을 괴롭히고 불편하게 하지 못하도록 하는 겁니다. 그저 바깥에서 들어온 바이러스일 뿐이라고 알아야 합니다. 바이러스에 감염된 이는 치료하지 않으면 평안하지 않고 시나브로 괴로움만 늘어갈 뿐이지요.

그러므로 '사띠-빠타나'를 하는 데 있어서 결코 가만히 앉아 일어나고 사라지는 자연 성품만 지켜보아서는 안 됩니다. 그건 얕은 알아차림이지 깊이 있는 알아차림이 아닙니다. 쉽게 말하자면 마음을 고요하게 하는 일은 얕은 알아차림이라는 말입니다.

묶어두는 게 아니라, 바름으로 흔들림 없게 하는 것!

붓다 고사의 '위숫디 막가(청정도론)'를 보면, "하나의 대상에 마음과 심소를 머물게 하는 것을 선정(禪定)이라고 한다."라고 했는데, 불교도 거의 모두 그 말을 따르고 있습니다. 그런데 사실 이것은 색계 무색계의 선정에 알맞은 뜻입니다.

앞의 다른 경에서 살펴보았듯이 색계 무색계의 삶(행위, 업)은 붓다의 가르침과는 어긋나는 삶이며 거룩한 진리와도 아주 동떨어진 뜻입니다. 붓다 고사는 거룩한 진리 팔정도의 정정을 색계 무색계의 선정이라고 착각한 듯합니다. 그렇게 이해한 논리로 '사띠-빠타나'의 주석으로 이어져 바로잡기가 어렵게 되었고, 그 까닭으로 알아차림 하는 마음이 어느 대상 하나에만 머물러 있도록 하는 것이라고 알고들 있는 것입니다.

만약 붓다께서 '마음을 하나의 대상에 머물도록 하라' 말씀하였다면, 알아차림 할 대상을 하나하나 따져서 말할 필요가 없이 모든 대상이라고 한마디로 말하였을 겁니다.

소고삐를 묶어두는 말뚝을 '말뚝'이라고만 하지 금 말뚝, 은 말뚝, 쇠 말뚝, 때 묻은 말뚝, 깨끗한 말뚝, 나무 말뚝, 대나무 말뚝이라고 이름을 붙여 구분할 필요는 없습니다. 말뚝에 고삐를 묶어두는 목적은 소가 여기저기 도망 못 가도록 하는 것이니까요.

이렇게 마음을 묶어 두어서 무엇을 할까요? 할 건 하나밖에 없습니다. 생각을 일으키지 않도록 할 뿐이지요. 마음을 하나의 대상에 묶어두는 것을 되풀이하는 건 생각이 일어나지 않도록 버릇을 들이는 일입니다. 이렇게 자꾸 버릇을 들이면 생각이 일어나지 않게 됩니다.

마찬가지로 마음이 어디로도 못 가게 하는 데는 굳이 여러 가지를 말하지 않아도 됩니다. 어떤 대상이든 대상이면 되니까요. 생각이 일어나지 않으면 좋은 점도 있고 나쁜 점도 있습니다만, 그 어떤 생각도 안 하려는 게 과연 바른 좋은 일일까요?

그러므로 '사띠-빠타나'에서 '알아차림을 한다' 함은 알아차림 할 대상에 마음을 묶어두도록 하는 것을 말하는 것이 아닙니다.

사람은 누구나 자유와 행복, 평화를 원합니다. 그리고 사람은 사람답게 살아가기 위해 지켜야 할 것이 있고 피해야 할 것이 있음을 알 필요가 있습니다. 그러기 위해서는 사람이 지어야 할 업 가운데 바른 것은 무엇인지, 바르지 않은 건 무엇인지, 사람 세상에서 이로운 건 무엇이고 해로운 건 무엇인지 구별할 줄 알아야 합니다.

이렇게 구별하기 위해서는 슬기가 있어야겠지요?

이미 만났고 지금 만나고 앞으로 만날 대상들, 안팎의 대상들, 멀고 가까운 대상들, 거칠고 부드러운 대상들, 하찮고 고귀한 대상들은 곳곳에 있습니다. 마음으로 여러 관점과 여러 상황으로 미루어 보고 생각할 줄 알아야 합니다. 이렇게 아는 것을 슬기라고 합니다.

그러니까 자신이 몸소 겪은 일이나 겪지 않은 일들의 성품을 알기 위해서는 생각을 해봐야 합니다. 바른 생각을 여러 번 하는 속에서 '슬기'가 생깁니다.

슬기가 있어야만 바름과 좋음과 나쁨을 압니다.

슬기가 있어야만 피하고 지켜야 할 것을 구별합니다.

슬기가 있어야만 피할 것은 피하고 지킬 것은 지킬 수 있습니다.

슬기가 있어야만 피하고 지키는 일을 합니다.

슬기가 있어야만 자유롭고 행복하고 평화로운 사람이 됩니다.

이처럼 '생각'은 사람이 행복하기 위한 길에 아주 중요한 것임을 알아야 합니다.

하지만 생각에도 나쁜 점이 있지요. 생각이 너무 지나쳐서 없는 것도 있다고 착각하고, 사실이 아닌데도 사실이라고 믿는, 정신에 탈이 나는 경우도 있습니다.

그러나 안 좋은 점이 있다고 생각을 모조리 없애버리면 안 좋은 점은 더욱 안 좋아질 수밖에 없습니다. 이를테면, 머리가 아프면 아픈 원인만 없애야 하지 머리를 없애면 안 되는 것처럼 말입니다.

다시 말해 생각의 흠만 보고 생각의 이로움을 깊이 생각 안 하고 그 생각을 멈추고 없애려고 한다면 너무도 어리석은 짓이라는 겁니다. 그렇게 되면 끝내는 행복과 평화로움과 자유로움을 찾을 수 없습니다.

마음이 가진 능력은 생각

마음이 가진 본디 능력은 '생각을 하는 것'입니다.

사람은 지난 때(과거)와 올 때(미래)를 마음처럼 오가지 못합니다. 그러나 마음은 지난 때와 올 때를 언제든 순간순간 자유롭게 왔다 갔다 하죠. 그건 아주 쓸모 있는 일입니다.

마음이 지난 때로 갈 수 없다면 지금 아는 것들 모두가 다 쓸모없는 것이 되고 맙니다.

보기를 들어볼까요?

사람으로 살아가면서 부모님이라던지 생계에 필요한 것들이라던지 평생 잊으면 안 될 것들이 있습니다. 그런데 1분 전도 지나간 때라 이미 지나갔기에 잊었다면, 사람과의 관계도 뒤얽힐 것이고, 누군지 무슨 뜻인지 도무지 모를 것입니다. 올 때도 마찬가지겠지요. 아무것도 하지 못하고 우두망찰하고 있을 겁니다.

지구가 태양을 중심으로 도는 일, 우리를 중심으로 볼 때 해가 뜨고 지는 낮과 밤을 1초, 1분, 한 시간, 하루, 한 달, 한 해로 정한 것도 사실 생각의 일입니다. 이렇게 나누었을 때 좋고 나쁨, 이로움과 흠을 알기 위해서는 '때(시간)'를 빼놓고 말할 수 없고, '때'가 없어서는 안 될 만큼 중요합니다. 그러므로 시기 시대 시간이나 곳과 움직임은 그저 이름일 뿐 정말 있는 것도 아니고 아무것도 아니라고 말해서는 안 되는 것이지요. 사람의 자유와 행복 그리고 평화를 위해서도 '지나간 때'나 '올 때' '지금'이 없어서는 안 됩니다.

'곳'도 마찬가지입니다. 생각은 사람이 갈 수 없는 '때'로 데려다주고, 가지 못하는 '곳'으로도 데려다줍니다. 안팎은 물론 멀거나 가까운 곳도 언제나 갈 수 있습니다.
사람은 안에 있으나 생각은 바깥으로 갈 수 있고, 바깥에 있으나 안으로 가고, 먼 곳에 있지만 가까운 곳으로, 가까운 곳에 있지만 먼 곳을 언제든 갈 수 있습니다.
이렇게 간 곳에서, 그곳에 있는 것과 다른 곳에 있는 것을 비교해 보고, 거기서 좋음, 나쁨 이롭고 해로운 것을 알게 됩니다. 그러므로 곳(장소)은 아무 의미가 없다고 하면 안 됩니다.

'상태' 또한 마찬가지지요. 하찮고 고귀함, 거칠고 부드러움을 알 수 있는 게 생각입니다. 생각할 수 없다면, 정도나 수준이 낮은 곳, 안 좋은 곳에 가도 모르고, 하찮음을 모르면 고귀한 걸 견줄 수 없으며, '하찮구나, 고귀하구나, 거칠구나, 부드럽구나'라고 알지 못할 것입니다. 사람이 평안하고 행복하고 고귀하기 위해서는 이와 같은 생각은 필요하지 않을까요?

다시 말해, '생각'은 '때와 곳 상태'를 알 수 없으며, 평안하고 행복하고 자유롭기 위해서 없어서는 안 될 것입니다.

이런 까닭으로 '생각을 없애기 위해 힘쓰는 일은 크게 어리석은 짓'이고, '어리석은 앎'이며, 평안하고 행복하고 자유롭기 위한 알아차림에 오히려 방해꾼이 되어 거치적거리고 있습니다.

이 거치적거리는 방해꾼에게서 벗어나지 못하면 「마하 사띠-빠타나」가르침은 사람들에게 자유롭고 평화로움을 주기는커녕 올가미로 밀어넣는 것과 같습니다.

잃어버린 붓다의 가르침

붓다의 가르침이 사람들을 그릇되게 한다면 거의는 듣기 거북해 할 것입니다.

듣기 거북하겠지만 업을 바탕으로 한 '붓다의 진리'가 아닌 '요소의 진리'를 붓다의 가르침으로 잘못 알고 있고, 그릇됨으로 이르게 하고 있으니 듣기 싫고 거북해도 어쩔 수 없습니다.

붓다의 가르침이라고 이름 붙였다 해도 고스란하다고 볼 수는 없습니다. 왜냐면, 붓다의 가르침도 사람들이 그 뜻을 잘못 풀고 이해하면 어쩔 수 없이 어긋나게 되고 사람들을 그릇되게 이끄니까요. 그러니까 붓다가 잘못했다는 말이 아니라 제자들이 뜻을 잘못 풀었다는 말이지요.

붓다는 분명 '사람의 업을 바탕으로 한 진리'를 펴셨습니다. 그러나 그 뜻을 풀이하여 세상에 알린 이는 '붓다의 지혜로운 진리'의 뜻이 아닌 '요소의 진리' 뜻으로 풀이하여 설명하였습니다.

그런 까닭으로 오늘날 붓다의 가르침이 전해지지 않고 요소의 진리로 설명한 대로만 퍼져 가고 있습니다.

'요소의 진리'는 사람 세상에서 '더 쪼갤 수 없는 요소', 과학으로 치면 '원자(atom)와 같은 요소의 본디 성품들만 정말 있는 것이지, 요소요소가 모여 여러 가지 모양을 이룬 것은 정말 있는 것이 아니다'라고 설명하고 있습니다.

정말 있는 게 아닌 것이 여러 모양으로, 있는 것으로 생겨남은 마음이라는 마술사가 마술을 부려서 만들어낸 것처럼 환상이고, 물거품 같고, 꿈같은 것이라고 합니다.

환상이고 물거품이고 꿈이라는 무대에 요소들이 모여 만들어진, '물건(사람)'에 지나지 않는 그 물건들은 저마다 맡은 역(役)에 따라 연기를 하는 겁니다. 그렇게 한바탕 무대에 설 때마다 괴로움도 있고 즐거움도 있을 겁니다.

그러나 아무리 아무것도 아닌 물건이라지만 괴로우면 안 좋겠지요? 그래서 괴로운 역을 맡지 않도록 '마음'이라는 극작가(劇作家)를 묶어두어야 한다고 합니다.

이렇게 묶어둘 수만 있으면 아무것도 지어내지 못할 테니까요. 또한 못 지어냈기 때문에 물건들도 연기(演技)를 할 필요가 없습니다. 물론 괴로울 일도 없고요.

'요소의 진리'를 따르는 이들은 이것을 곧 '자유로움(해탈)'이라고 여깁니다. 물론 자유로움은 맞습니다. 아무것도 남지 않았으니까요.

그런데 '아무것도 남지 않음에 자유로움'의 안 좋은 점, 흠은 없을까요? 보기를 들자면 '좋다'라는 낱말은 이름씨죠. 이와 같은 낱말에는 '임자말'이 있어야지 완전한 말이 됩니다. 움직씨만 있고 임자말이 없으면 어린아이가 밑도 끝도 없이 툭툭 내뱉는 말이나 아무렇게나 웅얼거리는 것과 다름없습니다.

그렇듯 업의 주인공에게 어떤 이로움이 있는 '자유로움(벗어남)'인지 알려고 하지도 않고, 무턱대고 좋다고 여기며 자유로움을 이루기를 간절히 바라고 있습니다. 자유로움을 얻으면 어디에 쓰임새가 있고 어떤 이로움이 있는지조차 도무지 모른 채 말입니다.

또한 '그 자유로움은 자유로울 사람이 없는데, 누가 벗어났는가(자유로운가)?' 하고 물으면 뭐라고 대답할까요? 나도 없고 너도 없고 아무것도 있는 것이 아닌데….

마찬가지로 '무엇으로부터 자유로워졌는가(벗어났는가)?'라고 물어도 쉽게 답을 할 수 없을 테고, 그냥 '벗어났다(자유롭다)'고 할 수밖에 없을 겁니다. 심지어는 벗어났다는 이도 없습니다. 그래서 "이(번) 생(은) 망(했어), 이(번) 생(은) 안 (돼)!"라고 하는가 봅니다.

하지만 정말로 맞는 이치라면 말로 설명할 수 있어야 합니다. 말로 할 수 없다면 정말 그렇지 않다는 말입니다. 말로도 증명하지 못하고 그렇지 않은 걸 정말 그렇다고 우긴다면 어리석거나 착각을 하는 게 분명합니다. 착각에 빠진 이들은 착각이라고 하지 않고 진짜라고 우기니까요.

다시 한번 말하지만 '생각함'을 막는 행은 붓다의 가르침에 어긋나는 일이며 붓다가 발견한 진리와도 동떨어진 어리석은 짓입니다. 「마하 사띠-빠타나경」은 생각이 일어나지 않도록 마음을 묶어두라고 설하신 게 아니라고 분명하게 알아야 합니다.

붓다 고사가 말하는 진리와 붓다의 진리

붓다 고사는 「청정도론(淸淨道論)」을 지은 불교학자다.

상좌부불교의 불교도들 스스로 붓다 고사의 불교라고 해도 지나친 말이 아니라고 할 정도로 붓다 고사를 추앙하며 그가 지은 淸淨道論을 불교사상으로 삼고 있다.

붓다 고사는 불교의 진리를 말할 때 불교에는 진제(眞諦)와 속제(俗諦)만 있고 세 번째 진리는 없다고 보고 있다. 많은 이들은 그의 말대로 진제와 속제만을 말하며, 붓다의 성제(聖諦)를 진제로 이해하려고 한다.

그러나 분명히 알아야 할 것은, 붓다의 성제는 업(행위, 짓)을 바탕으로 한 진리고 진제는 쪼갤 수 없는 요소를 바탕으로 하는 진리다. 세상에는 세 가지의 진리가 있는 것이다.

속제 : 누구나 그렇다고 이름 지은 관념의 진리

진제 : 모든 것을 더 쪼갤 수 요소로 아는 진리

성제(붓다의 진리) : 업을 바탕으로 사람의 길을 알리는 진리.

들숨 날숨, 일부러 알아차림 하는 모습

오늘날 '사띠-빠타나'의 큰 부분을 차지하고 있는 '들숨 날숨'에 대해 먼저 살펴보기로 하겠습니다. 붓다는 몸을 알아차림 하는 방법으로 호흡을 대상으로 하는 걸 일러주셨지요.

비구들이여, 내쉼을 내쉰다고 분명히 알아야 하고,
들이쉼을 들이쉰다고 분명히 알아야 하오.
길게 내쉼을 길게 내쉰다고 분명히 알아야 하고,
길게 들이쉼을 길게 들이쉰다고 분명히 알아야 하오.
짧게 내쉼을 짧게 내쉰다고 분명히 알아야 하고,
짧게 들이쉼을 짧게 들이쉰다고 분명히 알아야 하오.
몸의 움직임이 고요해지면 몸의 움직임이 고요해진다고
분명히 알면서 몸을 알아차림 해야 한다오.

이쯤에서 '들숨 날숨'을 관찰하는 이유를 조금 설명해야겠습니다. 오늘날 '들숨 날숨'을 관찰하는 모습을 보면, '들숨 날숨'을 하려는 이는 먼저 '들숨 날숨'을 하기에 마땅한 곳을 정합니다. 그런 뒤 앉기에 마땅한지 아닌지도 살핍니다. 조용함과 위험으로부터 떨어지기 위해서지요. 다음 책상다리(가부좌 또는 결가부좌)를 하고 허리를 펴고 반듯하게 앉은 뒤 작은 움직임도 없이 '들숨 날숨'만 관찰합니다.

짧게는 30분, 길게는 1시간, 3시간, 4시간, 5시간…, 시간이 오래 걸리도록 관찰합니다. 누워서 또는 서서 또는 걸으면서 관찰하기는 하지만 드물지요. 어쨌든 앉아서 관찰하는 이는 관찰이 끝날 때까지 앉아 있습니다. 앉든 서든 걷든 눕든 관찰이 끝날 때까지 하고, 관찰할 대상은 '들숨 날숨'입니다.

문제는 이 '들숨 날숨' 관찰이 붓다께서 일러주신 '들숨 날숨' 관찰과 차이가 있습니다. 왜냐면, 사람들이 '들숨 날숨'을 일부러 지어서 하는 경우가 많기 때문입니다. 그러니까 '들숨 날숨 관찰하는 방법'이 두 종류 입니다. 첫째, 스스로 지어서 하는 들숨 날숨을 관찰하기 그리고 둘째, 자연스럽게 들이쉬고 내쉬는 들숨 날숨을 관찰하기.

호흡(들숨 날숨) 수행은 불교에만 있던 게 아니다.
요가학파의 이론이 요소의 진리를 바탕으로 수행하는 이들의 주장과 많은 점이 맞닿아 있으며, '요가 수뜨라'에서는 '요가'를 '마음의 활동 이 지멸(止滅)된 것'으로 정의하고 있다.

여기서 일부러 지어서 하는 들숨 날숨 관찰법은 붓다가 말씀하신 게 아니라는 겁니다.

들숨 날숨 호흡을 관찰하는 까닭은 욕심과 성냄을 소멸하기 위함입니다. 자연스러운 들숨 날숨에는 오취온의 숨이 들어 있을 수 있습니다. 그러나 일부러 지어서 하는 들숨 날숨에는 오취온 숨이 있을 수 없습니다. 그저 알아차림을 위한 들숨 날숨이니까요.

다시 분명하게 말하지만, 들숨 날숨에서 관찰해야 할 것은 '오취온 들숨 날숨'입니다. '오취온 들숨 날숨'은 자연스럽게 들이쉬고 내쉬는 숨결에 들어 있습니다. 그렇다고 자연스러운 들숨 날숨마다 오취의 들숨 날숨이 들어 있는 건 아닙니다. 그러므로 오취의 들숨 날숨이 아니면 관찰할 대상은 아닙니다. 곧 '사띠-빠타나'의 대상이 아니라는 말입니다.

그러므로 '사띠-빠타나'를 하기 위해 편안한 곳에서 편안한 상태로 한다는 건 크게 어긋난 방법이라는 것이지요.

'들숨 날숨'의 본디 성품은 숨을 들이쉴 때마다 산소를 들이마시고, 내쉴 때마다 이산화탄소를 내보내는 겁니다. 말하자면 들숨 날숨은 몸의 세포가 영양물질을 물과 이산화탄소로 바꾸며 에너지를 얻는 과정입니다. 그러므로 일부러 지어서 들이쉬고 내쉬는 들숨 날숨을 오래도록 많이 하면 숨이 고르지 않고, 신선한 산소를 제때 넣어주지 않아 몸의 활력 흐름도 부자연스러워지면서 심하면 쑤시고 저리고, 머리가 쪼개지는 듯이 아프기도 하고, 속이 미식거리고 울렁거리는 상기증(上氣症)이 일어나기도 합니다. 숨을 일부러 지어서 하다 보니 이와 같은 증상들이 나타나는 것입니다.

이 같은 나쁜 증상들이 일어나는 것은 마치 잘 돌아가는 기계를 돌아가지 못하게 잡으면 기계가 고장이 나버리는 것과 같은 것이지요.

일상의 자연스러운 들숨 날숨에서 알아차림 할 것은
자연스러운 들숨 날숨에는 오취온의 힘이 와서 부딪치면 그 힘의 영향을 크게 미칩니다.

들숨 날숨이 고요하지 않고 거칠어지며 여러 가지 짓으로 이어질 수 있습니다. 쉽게 말하자면, 들숨 날숨에서 알아차림을 하지 못하고 욕심과 성냄에 휘둘려 잘못된 짓으로 이어지다 보면 사회에서 손가락질받고 비난받을 짓도 서슴지 않습니다. 남을 죽이거나 때리고, 남의 물건을 훔치거나 뺏고, 잘못된 이성관으로 성추행하고 성폭행하고 성희롱하고 거짓말을 하고 사기 치고 거친 욕설을 하고, 요즘은 인터넷 세상에서 익명으로 댓글도 남부끄러운 줄 모르고 답니다.

그러니까 들숨 날숨을 좋아함으로 대할 때와 미워함으로 대할 때 또는 망설임으로 대할 때 들숨 날숨이 여러 모양으로 뒤바뀐다는 겁니다.

사람의 들숨 날숨은 그가 했던 짓에 걸맞게 쉬게 된다는 것을 알아야 합니다.

번뇌에 놀아나 잘못된 짓을 할 때면 보통 때보다 더 힘을 쓰게 됩니다. 사람은 기계와 같은데 다만, 다른 것은 사람이라는 기계는 목숨이 있다는 것이지요.

보기를 들어보겠습니다. 산골의 여름에는 풀 깎는 기계를 쓸 때가 있는데 여린 풀을 깎을 때면 칼날이 부드럽게 돌아가면서 착 착 착 깎입니다. 그러나 억세고 쇠어 버린 풀대를 깎을 때면 소리만 요란하고 잘 깎이지도 않아 거듭 힘을 쓰지 않으면 안 되고, 잘못 힘을 주면 칼날이 멈추어 버리기도 합니다. 자동차도 마찬가지지요. 평평한 곳을 안전 속도로 달릴 때는 부드러운 느낌인데 속도를 더 올리거나 거친 길에서 액셀러레이터를 세게 밟으면 소리가 커집니다. 힘을 더 쓰느라고 그렇지요.

사람도 잘못된 짓을 할라치면 본디 있는 힘보다 더 많이 써야 하기에 열이 납니다. 열을 내며 힘을 쓸 때는 산소도 더 필요하고 이산화탄소도 더 많이 나오니까 숨이 거칠어집니다. (노동이나 운동할 때 말고)

그런 까닭에 보통 때의 자연스러운 들숨 날숨이 아닌, 욕심만큼 또는 성내는 만큼, 느리거나 빠르게, 짧게 또는 길게 하는 들숨 날숨이 되는 겁니다.

사람 세상에서 넘치거나 모자라는 짓인 잘못된 짓이 여러 가지니만큼 길거나 짧은 들숨, 길거나 짧은 날숨의 모양도 여러 가지로 있는 겁니다.

사람이 많고 많듯이 사람마다 발소리도 제가끔 다릅니다. 어떻게 다르냐고 묻는다면 뭐라고 딱 꼬집어 말할 수 없지만, 발소리에 알아차림을 두면 이 발소리는 누구의 발소리라고 알아듣습니다. 신발을 신고 걸어도 그 발소리를 구분해서 안다는 말입니다.

들숨 날숨도 이와 마찬가지입니다. 알아차림을 공부하지 않으면 다 똑같다고 생각하겠지만 정말로 알아차림을 공부하면 자신이 짓는 행위에 따라 들숨 날숨이 다르게 일어나며 큰 차이가 있음을 알게 됩니다. 곧 들숨 날숨 한 번 한 번마다, 행위가 바뀌어 감에 따라 들숨 날숨이 차이가 있습니다. 이렇게 관찰하는 것이 '몸 알아차림'입니다.

다시 한번 정리하자면, 들숨 날숨을 알아차림 하기 위해서는 곳을 따로 정할 필요가 없이 어느 곳에서든 할 수 있고 정해 놓은 시간도 필요 없으며, 먹으면서, 걸어가면서, 말을 하면서, 일하면서도 할 수 있습니다.

알아차림의 올바른 방법

알아차림을 한다고 해서 먹고 자고 사는 일이 잘못될 리는 없습니다. 먹으면서, 걸으면서, 누워서도 관찰할 수 있기에 시간이나 공간이 따로 필요하지도 않습니다. 끊임없는 알아차림을 하는 것이 중요할 뿐이지요.

들숨 날숨 알아차림도 마찬가지입니다. 살아있는 한 쉼 없이 일어나는 들숨 날숨을 끊임없이 알아차림 하기만 하면 됩니다. 알아차림 하는 것 때문에 먹고 자고 사는 일이 어그러질 리는 없으니까요. 그러므로 먹으면서 걸으면서 자면서도 마음에 두고 있으면 됩니다.

붓다가 계셨던 때 붓다의 제자마다 '사띠-빠타나'를 했다고 합니다만, 그 어느 곳에서도 '사띠-빠타나' 또는 '집중수행' 하기 위한 수행처(선원)가 있었다는 근거가 없습니다. 또 늘 양옆에서 붓다를 모시던 슬기 제일이었던 두 으뜸 제자들이나 붓다가 인정한 80분의 큰 제자들이 다른 수행처에 있는 다른 스님들에게 집중수행을 지도하기 위해 찾아갔다는 근거도 찾아보기 힘듭니다.

곧 붓다가 일러주신 수행법은 먹으면서, 걸으면서, 앉으면서, 일상생활을 하는 가운데 알아차림이 끊기는 일이 없는 게 중요한 것이지 수행처가 따로 필요하거나 시간을 정해 놓고 할 필요가 없다는 말입니다.

'알아차림'은 마음이 여기저기 떠돌거나 흩어지지 않도록 하는 것이 아니라, 욕심과 성냄을 없애기 위해 움직임 하나하나를 잊지 않고 마음에 새기는 일입니다.

곧 번뇌에 놀아나고 있는 오취온 들숨 날숨을 보태거나 모자람 없이 알아차림 할 때 '이것은 몸 안쪽이다, 이것은 몸 바깥쪽이다'라고 알고, '슬기'는 마음이 알고 기억하는 것의 다른 점과 같은 점을 분석합니다.

'알아차림'을 어떻게 해야 할까요?
오취온 들숨 날숨을 알아차림 하면서 '이것은 바깥에서 들어 온 바이러스다' 또는 '나를 괴롭히는 마구니(魔軍)구나!' '나를 해치려는 적이구나'라고 알면, '힘씀(바른 노력)'이 그것들을 물리치고 없애버립니다. 그리고 또다시 쳐들어오지 않도록 '슬기'가 일어납니다. 슬기는 손님이자 마구니인 적을 '나' '내 것' '내 몸'이라고 여기지 않습니다.

그리하면 (오취온을) '나' '내 것' '내 몸'이라고 여기는 욕심이나 성냄이 일어나지 못합니다.

숨어있는 낄레사를 없애야

오취온의 들숨 날숨에 숨어있는 욕심과 성냄은 없애기가 참 어렵습니다.

'숨어있는 낄레사', 곧 '숨은 번뇌'란 잘못된 업을 짓고 난 뒤 그 짓의 결과가 되는 몸과 마음의 요소들이 생기면, 좋다고 느낀 건 욕심으로. 좋지 않다고 느낀 건 불편함(성냄)으로 저장됩니다. 이렇게 저장된 건 잘 드러나지 않아 마치 자는 것과 같습니다. 그래서 없애기가 어렵습니다. 이것을 '숨은 번뇌(또는 잠자는 번뇌)'라고 합니다.

이 '숨은 번뇌'을 없애려면, 반드시 오취온 들숨 날숨을 살피고 알아차림 해야 합니다. '느낌과 마음 법'을 알아차림 하는 것에도 이 방법뿐입니다. 대상을 만나기 전까지는 드러나지 않고 잠자는 것과 같은 이 숨은 낄레사를 없애기 위해서 '사띠-빠타나'를 하는 겁니다.

그렇게 꾸준히 몸에서 생겨나는 들숨 날숨을 끊임없이 살피고 알아차림 하다 보면 몸에 숨어있는 숨은 번뇌를 찾을 수 있고, 끄집어낼 수 있고, 없애 버릴 수 있을 정도의 힘이 생겨날 겁니다.

자, 이쯤에서 공부했던 가운데 중요한 점들을 정리해 볼까요?

- 새로운 낄레사들이 생기지 않도록,
- 이미 생긴 낄레사를 없애기 위해,
- 오취온 들숨 날숨에 마음 기울여 살피며,
- 자연 성품의 들숨 날숨인가, 오취온 들숨 날숨인가?
- 내 것인가, 내 것이 아닌가?
- 내 몸인가, 내 몸이 아닌가?
- 나인가, 내가 아닌가?

스스로 물어보고 대답하면서 '사띠-빠타나는 한 가지 대상에 마음을 묶어 두는 걸 목적으로 하지 않는다'라는 것도 분명하게 알아야 합니다.

다시 한번 말하자면, '들숨 날숨을 본다' 함은 '들숨 날숨'만 보는 것이 아닙니다.

미얀마 속담에 '집을 보라니까 집만 보더라'는 말이 있는데요, 주인이 바깥에 볼일을 보러 나가면서 머슴에게 "잠깐 나갔다 올 테니 그동안 집 좀 잘 보고 있거라" 시키니, 머슴은 알았다며 집을 보기 시작하는데 갑자기 어디에선가 불씨가 날아와 집 한 귀퉁이가 타기 시작하더랍니다. 그러나 머슴은 주인이 집을 잘 보라고 한 말만 떠올리며 집만 뚫어지게 보더랍니다. 주인이 돌아왔고, 집이 거의 다 타고 있는데도 집만 보고 있는 머슴을 보고 화가 나서 "이놈아, 집을 보랬더니 집을 안 보고 뭐 하는 게냐?" 그러자 머슴이 "그런 말씀 마십쇼. 꼼짝도 안 하고 얼마나 열심히 보고 있었는데요." 하더랍니다.

'집을 잘 보라'는 말은, 집에 도둑이 들거나 위험이 닥치면 도둑을 쫓아내고 위험을 막아주라는 말이겠지요? 꼼짝 안 하고 뚫어지게 바라본다고 해서 잘 본다는 말이 아니라는 것입니다. 그런데 지금도 많은 이들은 머슴과 마찬가지로 몸 알아차림에 들숨 날숨을 보라고 하니까 아주 열심히 들숨 날숨만 보고 있는 격입니다. 보라는 것은 어떤 한 가지를 제대로 살피고 낱낱이 꿰뚫어 알아야 한다는 말이지요. 그것이 몸 알아차림이든 마음 알아차림이든…,

집중수행으로 대상 한 가지에 마음이 묶어두려는 이들도 할 말은 있을 것입니다. 마음이 여기저기 가지 못하도록 함으로써 생각이 일으키고 짓게 되는 안 좋은 업을 짓지 않게 되는, 곧 악업을 짓지 않는 좋은 점이 있으니까요. 그러나 이것은 마치 감옥이나 외딴 무인도에 있으면 죄를 안 지으니까 좋다는 말과 다름없는 말입니다.

몸 알아차림에서 '들숨 날숨' 말고도 걸으면서, 또는 앉고, 멈추고, 누워서 알아차림 하는 것 또한 오취온의 걸음인지 멈춤인지 앉음인지 누움인지를 살피고 알아야 합니다.

바로 말하면, 내가 아닌 오취온이 눕고 앉고 걷고 멈추는 것인 줄 알면, 이것을 있는 그대로 보고 '나' '내 것' '내 몸'이라고 집착하지 않도록 알아차림(sati)과 힘씀(viriya), 슬기(paññā)를 흔들림 없이, 꾸준히 세워 두어야 합니다. '사띠 빠타나'를 하는 목적은 오직 이것뿐입니다.

술어(述語) 풀이 정리

* 양극단(兩極端) : dveantā pabbajitena 드웨인따 빠바지떼나

두 가지 치우친 길 – 붓다의 중도에 완전히 어긋나는 길이기에 양극
단이라고 옮긴 말이다. 하나는 감각의 욕망을 좇는 길이고 또 하나는 참
고 견디는 금욕의 길이다.

* 탐욕의 길 : kāmasukhallikānuyoga 까마수칼리아누요가

양극단으로 치우친 두 길 가운데 하나이며, 흔히 '쾌락주의'라고 한다.
뜻은 감각 기관의 바깥 대상이 주는 즐거움을 좇아 힘을 쏟으며 욕계 선
업(欲界 善業)과 욕계 악업(惡業)을 말한다.

* 금욕의 길 : attakilamathānuyoga 앗따낄라마타아누요가

양극단으로 치우친 두 길 가운데 흔히들 몸이 힘들게 괴롭히는 수행을
하는 것으로 여겨 '고행주의'라고 한다. 좀 더 깊이 말하자면 감각의 욕
망을 억누르는 모든 행을 통틀어 말하는 것이며, 색계(色界)와 무색계(無
色界)의 선업을 뜻한다.

* 중도(中道) : majjhima-patipadā 맛지마-빠띠빠다

치우친 두 길을 버리고 붓다가 발견한 여덟 가지 바른길, 팔정도(八正道)라고 한다. 어느 쪽으로도 치우치지 않는 바른길로 사람이라면 마땅히 가야 할 길이다.

* 담마 : dhamma, Dhamma

붓다의 법(法)이라고도 하고, '달마, 다르마, 붓다의 가르침'이라고 한다.

담마의 바른 뜻을 알기 위해서는 먼저 말 뿌리(語根) 다라(dhara)를 살펴보아야 한다. '유지하다, 지니다, 보존하다, 나르다'라는 뜻이 있으며 이를 능동형으로 옮기면 '늘 지닐 수 있고, 늘 지키고 행할 수 있는 진리'가 된다. 지니고 늘 행할 수 있는 붓다의 가르침은 여덟 바른길, 팔정도이며 더 나아가 사성제를 뜻하는 말이라고 알아야 한다.

* 아리야 : ariya

흔히 '거룩하다', '성스럽다'라고 일컫는데, 붓다의 가르침 담마를 바르게 알고 실천하며 살아가는 붓다의 제자를 뜻하는 말이며, 오늘날 우리 세상에서 쓰는 말로 하자면 붓다의 담마를 배우고 익히고 올곧게 실천하는 지혜로운 사람이라고 보면 된다.

* 둑카 : dukkha

괴로움으로 옮기고 있다. 단순히 느낌의 괴로움이 아니라 하지 말아야 할 업, 잘못된 짓, 번뇌에 놀아나는 행위 그 자체를 뜻한다.

* 요소의 진리 : parama-attha-saccā 빠라마타 삿짜

  상좌부불교의 핵심 사상으로 궁극의 실재라고도 하는데, 그들은 인간과 인간의 세계를 요소로 이루어진 것으로 보고 그 성질과 특징을 무상, 고, 무아로 관찰 이해하려는 목적이 있으며 그렇게 관찰하는 걸 수행이라고 한다. 한역으로는 진제(眞諦)라고 하는데, 모든 물질을 더는 쪼갤수 없는 근본 요소로 보기에 여기서는 '요소의 진리'라고 한다.

* 관념의 진리 : sammuti-saccā 쌈무디 삿짜

  근본 요소의 무더기 무더기들을 받아들이고 그것이 나타내는 성질과 가치의 개념을 이름 짓고 인정하는 진리다. (ex : 산, 하늘, 돌, 길, 사람….) 뿐만이 아니라 사회 규범이나 규칙, 원리나 이론도 마찬가지다. 한역으로는 속제(俗諦)라고 한다.

* 붓다의 진리 Ariya-saccā 아리야 삿짜

  고따마 붓다는 사람이 업을 짓고 그 업으로 오는 괴로움을 여의고 사람과 사람 세상이 행복하고 평화롭기를 바라면서 네 가지 진리를 말씀하셨는데 한역으로는 성제(聖諦)라고 한다.

  네 가지 진리는 사람이 지혜롭고 평화롭고 자유로운 가운데 존귀하고 고귀하도록 만드는 진리다.

* 괴로움의 진리 : dukkha-ariyasacca 둑카-아리야삿짜

  한국불교에서는 고성제(苦聖諦)로 옮겼다. 글자 그대로 괴로움의 거룩한 진리로 옮겨도 되겠지만, 거룩하다라는 말보다는 붓다의 가르침을 따

르고 본받는 것이 더욱 중요하기에 '괴로움의 진리'로 옮겼다.

＊ 괴로움의 생기는 까닭인 진리 : dukkha-samudaya-ariyasacca 둑카-싸무다야-아리야삿짜

한국불교에서는 집성제(集聖諦)라고 한다. samudaya는 '발생, 기원 원인, 생기(生起)' 등의 뜻이 있다.

붓다는 괴로움의 원인을 '까마-딴하(kāma-taṇhā), 바와-딴하(bhava-taṇhā), 위바와-딴하(vibhava-taṇhā)'로 설명하셨다. 곧, '욕망의 삶과 루빠의 삶, 아루빠의 삶을 목말라하고 붙잡으려 하기 때문'이다.

＊ 괴로움이 사라짐의 진리 : dukkha-niroda-ariyasacca 둑카-니로다-아리야삿짜

한국불교에서는 멸성제(滅聖諦)로 옮겼다. niroda는 '억제, 제어, 파괴, 소멸, 지멸'을 뜻하는 낱말이다. '괴로움이 사라짐'은 사람이라면 누구나 궁극의 목표로 삼아야 할 일이다. 닙바나는 숨은 낄레사, 숨은 목마름까지 남김없이 모두 사라진 상태로 미세한 둑카도 짓지 않는다.

＊ 괴로움이 사라짐으로 가는 길의 진리 : dukkha-niroda-gāminī-paṭipadā-ariyasacca 둑카-니로다- 가미니-빠띠빠다-아리야삿짜

한국불교에서는 도성제(道聖諦)로 옮겼다. gāminī는 '가게 하다, 이끌다, 통하다'라는 뜻이고, paṭipadā는 '길, 수단, 방법, 실천, 행위. 행도(行道)'를 뜻한다. 붓다의 중도에서는 '길'을 뜻하는 道를 썼으며, 그 길은 다름아닌 '둑카가 사라지게 하는 길'이므로 '괴로움이 사라짐으로 가는

길의 진리'라고 한다.

＊ 까마 : kāmā

까마는 보통 세 가지 뜻으로 쓴다. 성(性)의 욕망, 어떤 대상이든 강하게 원하는 욕망, 탐욕을 불러일으키는 것들 곧 탐욕의 대상이 되는 모든 것들을 뜻한다.

＊ 루빠 : rūpa

물질, 색(色)으로 옮기는 말이다. 색을 물질이라고 하고, 까마는 탐욕의 대상이 되는 물질을 뜻하는 것이므로 까마와 루빠를 구분해서 알아야 한다. 루빠로 옮기는 물질은 가치를 매기지 않는 자연 성품으로서의 물질을 뜻한다. 다시 말해 자연 물질에 가치를 매겨 욕망하는 물질이 까마다.

＊ 아루빠 : arūpa

물질 없음, 곧 무색(無色)을 뜻하는 말로, 물질을 뜻하는 rūpa에 부정접두어 a를 붙여 물질을 부정하고 인정하지 않는 말이다. 물질을 부정하고 물질의 근본 요소만 인정하는 이들이 하는 말이다.

＊ 아닛짜 : anicca

불교 말로 무상(無常)으로 옮기고 있는 말이지만 여기서는 '망가짐' '견고하지 못함'으로 옮긴다.

nicca는 '항상 함' '지속하는' '계속 있는' '불변' '영원' 등의 뜻인데

부정접두어 a를 붙임으로써 '항상하지 않는' '영원하지 않은' '변하는'
이 되기에 무상으로 쓰고 있는데, 붓다의 담마는 사람의 잘못된 행위와
잘못된 업에 대한 가르침이므로 오취온의 상태로 보아야 한다. 그런 까
닭으로 '경고하지 못함' '망가짐'으로 뜻을 옮긴다.

＊ 아낫따 : anatta

　불교 말로 무아(無我)로 옮기지만 여기서는 비아(非我)로 옮긴다. 아닛
짜와 마찬가지로 사람의 잘못된 업에 대한 가르침으로 보면 번뇌에 부
림을 당하여 놀아나 생긴 오취온, 꼭두각시는 내가 아니므로.

＊ 바른 앎 : sammā-diṭṭhi 삼마-딧티

　한국불교에서는 정견(正見, 바른 견해)으로 옮겼다. 담마에서는 붓다의
네 가지 진리를 꿰뚫어 아는 것으로 곧, 괴로움과 괴로움의 원인, 괴로움
의 사라짐, 괴로움 사라짐의 길을 바로 아는 것. 오취온이 괴로움이라고
아는 것이 '바른 앎'이다. 팔정도에서 첫 번째 길이다.

＊ 바른 생각 : sammā-saṅkappa 삼마-상깝빠

　한국불교에서는 정사유(正思惟, 바른 생각)로 옮겼다. 사람과 사람 사
이, 때와 곳에 따라 어떻게 말하고 어떻게 행동할 것인지를 바른 앎을 바
탕으로 생각하는 것이 '바른 생각'이다. 팔정도에서 두 번째 길이다.

＊ 바른-말 : sammā-vācā 삼마-와사

　한국불교에서는 정어(正語, 바른말)로 옮겼다. 사람과 사람 사이에 거

짓말(妄語) 거친 욕 (惡口, 惡談), 이간질(兩舌), 쓸데없는 말(綺語, 雜談)을 하는 게 아니라 '바른말' 또한 바른 앎과 바른 생각을 바탕으로 때와 상황 곳에 따라 모두에게 부드럽고 이로운 말이 '바른말'이다. 팔정도에서 세 번째 길이다.

* 바른 행동 : sammā-kammanta 삼마-깜만다

한국불교에서는 정업(正業)으로 옮겼으며, 바른 직업으로 풀기도 한다. 그러나 담마에서는 '바른 행동'으로 옮겼다. 사람과 사람 사이에서 모두에게 이로운 행동을 하는 것이다. 곧 사람을 때리거나 죽이지 않으며(不殺生), 주지 않는 걸 뺏거나 훔치지 않으며(不偸盜), 성희롱이나 성추행 또는 성폭행(不邪婬)하지 않는 것이 '바른 행동'이다. 팔정도에서 네 번째 길이다.

* 바른 표정(기운) : sammā-ajiva 삼마-아지와

한국불교에서는 정명(正命)이라고 하며 '바른 생계'로 옮기고 있다. 그러나 여기 담마에서는 사람과 사람 사이에서 쓰는 좋은 기운, 바른 마음씀에서 얼굴로 드러나는 '바른 표정'으로 옮겼다. '바른 표정'은 입으로 짓는 바른말(正口業)과 몸으로 짓는 바른 행동(正身業)과 뜻(마음)을 짓는(正意業) 바른 닦음(戒) 가운데 한 가지가 된다. 팔정도에서 다섯 번째 길이다.

* 바른 힘씀(노력) : sammā-vāyama 삼마-와야마

한국불교에서는 정정진(正精進)이라 하고 바른 노력으로 옮겼다. 담마

에서도 '바른 힘씀(노력)'으로 옮기지만 치우친 두 길에 힘쓰는 게 아니라, 치우치지 않는 중도(中道)인 여덟 바른길에 힘쓰는 것을 뜻한다. 여덟 바른길은 사람과 사람 사이에서 써야 하는 것이라고 알아야 한다. 팔정도에서 여섯 번째 길이다.

* 바른 알아차림 : sammā-sati 삼마-사띠

한국불교에서는 정념(正念)으로 옮겼으며 '바른 마음 챙김'으로 풀이하고 있다. 붓다의 가르침 안에서 수행 덕목은 여덟 바른길(팔정도)이며, '바른 알아차림'은, 내 안에서 일어나는 심과 성냄을 알아차림 하는 것은 물론이고 사람과 사람의 관계에서 탐욕과 성냄이 일어나는 걸 바로바로 알아차림 해야 한다. '바른 알아차림'이 앞장서 알아차림 하면 지혜와 힘씀이 탐욕과 성냄이 사라지도록 한다. 팔정도에서 일곱 번째 길이다.

* 바른 마음가짐 : 삼마-사마디 sammā-samādhi

한국불교에서는 정정(正定)으로 옮기며 '바른 집중'으로 풀었다. 담마에서는 '바른 마음가짐'으로 풀었다. 사람과 사람 사이에서 몸으로 입으로 마음으로 바른 행위를 짓지 않고 번뇌의 꼭두각시(오취온)가 된 상태를 '내가 아니고 망가진 것이고 괴로운 것'이라고 흔들림 없이 마음가짐 하는 것을 '바른 마음가짐'이라고 한다. 팔정도에서 여덟 번째 길이다.

* 연기(緣起) : 빠띳짜-삼뭇빠다 paṭicca-samuppāda

paṭicca는 '의지하다, 기대다'라는 뜻으로 '조건, 원인'이라는 뜻이고,

samuppāda는 '생기다, 일어나다'라는 뜻은 '결과' 말하는 것이므로 '기대어 일어남'으로 옮긴다.

* 아윗자 : avijjā

한국불교에서는 '무명(無明)'으로 옮겼는데 '알지 못함'이라는 뜻이다. 담마에서는 '붓다의 네 가지 진리를 모름'이다. 곧 모든 것을 모름을 뜻하는 것이 아니라 붓다의 네 가지 진리를 모르는 것이 '아윗자'다. 말하자면 둑카를 모르고 둑카의 원인을 모르고 그 결과를 모르는 것이 아윗자다.

* 상카라 : saṅkhāra

행(行)으로 옮기고 있는데, '특별하다'라는 뜻의 saṃ에 '행위'라는 뜻의 kara가 더해진 말로 풀자면 '지나친 행위' 곧 '넘치는 짓'이 된다. 사전에서는 '형성, 행, 의도, 현상, 조건, 조건 지어진 현상'이라는 뜻이 있다. 아비담마에서 29가지 의도로도 쓰인다. 쌍카라는 아윗자가 까닭으로 짓는 행위이기에 깜마(업)와 같은 말이다. 그러나 쌍카라는 몸으로 짓는 업, 입으로 짓는 업, 뜻으로 짓는 업으로도 쓰이며, 성격에 따라 좋은 행, 나쁜 행, 까마 업, 루빠 업, 아루빠 업으로 구분해서 설명하기도 한다.

* 위냐나 : viññaṇa

한국불교애서는 식(識)으로 쓰고 있다. '알음알이, 인식, 식별, 생기, 원기'라는 뜻이 있으나, 여기에서는 '앎'으로 쓴다. 이 앎은 아윗자가 까닭이 되어 잘못된 짓으로 생긴 앎을 뜻한다. 말하자면 잘못된 행위를 짓는 순간 생기는 '잘못된 인식'을 뜻한다.

* 나마-루빠 nāma-rūpa

한국불교에서는 명색(名色)으로 옮겼다. nāma는 '이름, 명칭'을 뜻하지만, 물질이 아닌 요소를 뜻하므로 정신을 일컫기에 '몸과 마음'으로 옮겼다. 나마-루빠 또한 '잘못된 짓으로 생긴 결과로서의 몸과 마음'이다.

* 싸라-아따나 saḷā-yatana

한국불교에서는 육입(六入)으로 옮겼다. 사람의 '여섯 곳(감각 기관)'을 가리킨다. yatana는 보통 '처(處)' 또는 '입(入)'으로 옮기며, 십이처(十二處)에서는 '조건'으로 쓰이기도 한다. 그러나 여기에서는 '위냐나와 나마-루빠'처럼 잘못된 짓으로 생긴 '여섯 감각 기관'일 뿐이다.

* 팟사 phassa

한국불교에서는 촉(觸)으로 옮겼다. 대상이 여섯 문으로 들어오는 걸일컫는 말이다. 그러니까 눈으로 귀로 코로 혀로 살갗으로 마음으로 들어오는 대상과 '부딪침'을 뜻한다. 연기에서 말하는 부딪침은 앞의 '위냐나와 나마-루빠, 여섯 감각 기관'처럼 잘못된 행위를 할 때 '과보로서 부딪침'이며, 새롭게 부딪침은 전에 기억된 부딪침과는 다르다.

* 웨다나 vedanā

한국불교에서는 수(受)로 옮겼다. 연기에서 첫 번째 바퀴의 과보 마지막인 '느낌'이다. 여섯 감각 기관과 여섯 문이 대상을 만날 때 생기는 느

낌이 있다. 곧 잘못된 행위를 할 때 좋은 느낌, 안 좋은 느낌, 좋지도 안
좋지도 않은 덤덤한 느낌으로 아는 것이다. 이 느낌도 과보에 해당한다.

＊ 딴하 taṇhā

  한국불교에서는 갈애(渴愛)로 옮겼다. 담마의 연기에서는 '목마름'으
로 옮기며, 까마의 삶, 루빠의 삶, 아루빠의 삶을 목말라하는 것만을 뜻한
다. 곧, 번뇌에 부림을 당해 잘못된 행위를 할 때 저장된 느낌을 그리워하
며 다시 하고 싶어서 애쓰는 목마름이다.

＊ 우빠다나 upādāna

  한국불교에서는 취(取)로 옮겼다. upādāna는 '연료, 땔감, 움켜쥠, 잡
음, 붙잡음'이라는 뜻을 가진 낱말이나, 연기에서는 목마름이 심해져 앉
으나 서나 그 대상을 가지고 싶어 하기에 '붙잡음' 또는 '끄달림'으로 옮
긴다.

＊ 자띠 jāti

  한국불교에서는 생(生)으로 옮겼다. '태어남' '다시 태어남' '종류'라
는 뜻이 있지만 연기에서 '자띠'는 낄레사(번뇌)에 놀아나 잘못된 행위
를 지으므로 생기는 오취온이 생겨났음을 뜻한다. 곧 사람에게서 꼭두각
시가 생겨난 것이다.

＊ 자라-마라나 jarā-maraṇa

  한국불교에서는 노사(老死)로 옮겼다. jarā는 '늙음' '쇠퇴한'이라는

뜻이고, maraṇa는 '죽음' '사몰(死沒)'이라는 뜻이 있지만 연기에서는 생명체의 늙고 죽음으로 보면 안 되고 잘못된 행위로 생겨난 오취온은 망가지고 어그러진 몸과 마음이기에 '망가짐'과 '사라짐'으로 보아야 한다. 사라짐이라고 하여 끝난 것으로 보면 안 된다. '숨은 갈애' 또는 '잠자는 목마름'이 있는 한 오취온이 생겨날 원인은 사라지지 않았으므로.

* 숨은 목마름 : anusaya-taṇhā 아누싸야-딴하

세 가지 목마름(갈애) 가운데 숨은 갈애 또는 잠재된 목마름이라고도 한다. 낄레사로 잘못된 행위를 하면 그 행위와 같은 마음이 남아있다가 그 때의 대상이나 상황 또는 비슷한 상황이나 대상을 만나면 다시 하고 싶어 하는 마음이다. 그러므로 낄레사를 없앨 때는 이렇게 숨어있는 목마름까지 없애야 비로소 낄레사로부터 자유로울 수 있다.

* 일어나는 목마름 : pariyutthāna-taṇhā 빠리 따나-딴하

세 가지 목마름 가운데 한 가지로, pariyutthāna는 '번뇌' '선입견' '편견' '속박' '만연' '폭발' 등의 뜻이 있으나, 갈애와 관련해서는 잘못된 행위를 하고 난 뒤 숨은 듯 잠자코 있다가 그 대상이나 상황 또는 비슷한 대상이나 상황을 만나면 다시 하고 싶어 하는 마음이 일어나는 상태를 뜻한다.

* 움직이는 목마름 : vītakkama-taṇhā 위딱까마-딴하

세 가지 목마름 가운데 한 가지며, vītakkama는 '넘어가는' '지나가는' '시간이 지나감' 등의 뜻이 있다. 잘못된 행위를 하는 동안 함께 하는

목마름이기에 '움직이는 목마름'이라고 한다.

* 닙바나 : nibbāna

한국불교 말로는 탐진치 번뇌의 불을 끈 상태, 번뇌가 사라진 상태라는 뜻의 '열반' '해탈'이라고 한다. nibbāna의 뜻을 좀 더 정확하게 말하자면 '둑카 니로다(dukkha-nirodha)'로 괴로움이 사라진 것, 곧, 잘못된 행위를 더는 하지 않는 상태를 뜻한다. 그러니까 숨은 목마름까지 모두 사라진 상태가 곧 '닙바나'다.

* 잠깐 없앰 : tadaṅga-pahāna 따단가-빠하나

그때만 잠시 '잠깐 없앰'은, 목마름(갈애)을 없애는 세 가지 방법 가운데 한 가지다. 어떤 잘못된 행위를 저지르고 싶었지만, 그때 그 행위를 하지 않음으로, 움직이는 목마름을 잠깐 없앤 것이다. 곧, 잘못된 행위를 하지 않기 위해 잠시 잠깐 참은 것이다.

* 억눌러 없앰 : vikkhambana-pahāna 윅캄바나-빠하나

'억눌러 없앰' 또한 목마름을 없애는 세 가지 방법 가운데 한 가지로, 잘못된 행위를 저지르고 싶은 마음이 일어났을 때 억눌러 없애는 것이다. vikkhambana는 '중지, 파괴, 억제, 포기, 제거'라는 뜻이 들어 있으며, 잘못된 행위를 짓고자 할 때 억누름으로 하고 싶은 마음이 일어나지 않도록 하는 것이다.

＊ 싹 끊어 없앰 : samuccheda-pahāna 싸뭇쩨다-빠하나

목마름을 없애는 방법 세 가지 가운데 하나이며, samuccheda는 '단
절, 폐기, 끊음, 포기'라는 뜻이 있다. 잘못된 행위를 했을 때의 흠을 낱
낱이 꿰뚫어 알고 그 행위에 대한 '목마름이나 붙잡음'에 붙들리지 않는
것이다. 곧, 숨은 목마름에 끄달리지 않고 잘못된 행위를 짓고자 하는 마
음이 없는 상태가 된 것이다.

＊ 까마의 삶을 목말라함 : 까마-딴하 kāma-taṇhā

한국불교에서는 욕애(慾愛)로 옮겼다. '까마 딴하'는 탐욕의 삶을 뜻한
다. 곧 다섯 가지 바깥 대상이 주는 즐거움을 좋아하고 욕망하는 삶이다.

＊ 루빠의 삶을 목말라함 : 바와 딴하 bhava-taṇhā

한국불교에서는 유애(有愛)로 옮겼다. 보통은 '존재에 대한 갈애' 또는
'생존에 대한 망집'으로 풀이하고 있지만, 그 뜻이 뚜렷하지 않다. 루빠
의 삶이란, 까마의 삶이 주는 흠을 보고 대상을 물질로만 보려는 삶을 갈
망하고 루빠의 삶이 주는 즐거움을 탐하는 목마름이다.

＊ 아루빠의 삶을 목말라함 : vibhava-taṇhā 위빠와-딴하

한국불교에서는 무유애(無有愛)로 옮겼다. 까마의 삶이나 루빠의 삶의
흠을 싫어하며 모든 대상 물질은 있는 것도 아니며 없는 것도 아닌 그저
요소일 뿐으로 보는 삶을 탐하며 쫓는 목마름이다.

* 계 : sīla 실라

한자로는 戒, 빨리어로 sīla는 보통 '돌기둥'에 비유하는데, 붓다의 가르침인 '바름이 돌기둥처럼 튼튼하고 흔들리지 않아야' 하기에 그렇다. sīla는 괴로움을 받고 싶지 않은 사람이라면 언제나 지니고 행하는 것이어야 한다. 담마에서는 '바른말, 바른 행동, 바른 표정이 sīla'다.

* 수행 : bhavana 바와나

한자로는 수행으로 쓰는 bhavana는 '자라나게 하다, 밭을 갈아 농사짓게 하다'라는 말뿌리 dhu에서 나온 말이다. 담마에서는 '팔정도를 잘 가도록 하는 것이 수행'이며 불교의 수행 또한 '팔정도'다.

* 물듦 : rāga 라가

'물듦'은 '목마름'의 또 다른 말로 '염료, 물감'이라는 뜻인데 물감 염료가 천에 물들 듯, 사람이 번뇌에 물듦을 뜻한다. 다시 말해 사람과 사람 사이에서 지나치거나 모자란 행위를 하고 그 결과, '탐욕, 집착, 물듦'에 빠져있음을 말한다.

* 번뇌 : āsava 아사와

번뇌(煩惱)를 뜻하는 āsava 한국불교에서는 루(漏)로 옮겼는데, 그 뜻은 '스미는 것, 새는 것, 흐르는 것, 넘치는 것'이라고 하는 본디 뜻은, '완전히 발효된 술'로 그 냄새가 주변에 금방 스미는 것처럼 번뇌도 가까운 이들을 금방 물들이고 스미게 함으로 āsava를 '번뇌'라고 한다.

✻ 수다원 : sotāpatti 소따빳띠

성인(聖人)의 네 가지 단계 가운데 첫 번째다. 보통은 수다원은, 유신견(有身見, sakkāya diṭṭi), 계금취(戒禁取, sīlabbata paramāsa), 의심(疑心,)이라는 세 가지 족쇄에서 완전히 풀린 사람을 뜻하지만, 담마에서는 '흐름에 들어선 이(預流)', 또는 '말귀를 알아들은 이'를 뜻한다. 곧 붓다의 가르침을 낱낱이 꿰뚫어 이해하고 팔정도를 실천하는 사람이라는 말이다.

✻ 사다함 : sakadāgāmi 사까다가미

성인의 네 가지 단계 가운데 두 번째다. 보통은 수다원 단계에서 풀린 '세 가지 족쇄' 말고도 '감각의 욕망(kāma-rāga)과 적의(敵意, paṭigha)'가 엷어진 이를 뜻하지만, 담마에서는 욕계 악업(欲界惡業)을 더는 짓지 않는 경지(境地)에 이른 이를 뜻한다.

✻ 아나함 : anāgāmi 아나가미

성인의 네 가지 단계 가운데 세 번째다. 보통은 수다원 단계에서 풀린 '세 가지 족쇄'와 '감각의 욕망(kāma-rāga)과 적의(敵意, paṭigha)'에서 완전히 풀려난 이를 뜻하지만, 담마에서는 욕계 악업은 물론 욕계 선업(善業)도 짓지 않는 경지에 이른 이를 뜻한다.

✻ 아라한 : arahat 아라하뜨

성인의 네 가지 단계 가운데 네 번째다. 보통은 수다원 단계에서 풀린 '세 가지 족쇄'와 '감각의 욕망(kāma-rāga)과 적의(敵意, paṭigha)'에서 와 '루빠 삶의 목마름(rūpa-rāga)'과 '아루빠 삶의 목마름(arūpa-rāga)' '자만

(慢, māna)''들뜸(掉擧, uddhacca)''무명(avojjā)'까지 완전히 풀려난 이를 뜻하지만, 담마에서는 욕계 악업과 욕계 선업은 물론 색계(色界, rūpa) 선업과 무색계(無色界, arūpa) 선업까지 모두 여읜 이를 뜻한다. 곧 어떤 잘 못된 행위도 짓지 않으므로 어떤 과보도 얻지 않는, 그저 '할 뿐인 행, 팔 정도'에서 벗어나지 않는 경지에 이른 이를 뜻한다.

＊ 알아차림이 앞장섬 : sati-paṭṭhāna 사띠빠타나

'알아차림이 앞장섬'을 보통은 '알아차림의 확립'이라고 옮긴다. paṭṭhāna는 '출발, 개시, 시작, 근원'이라는 뜻과 '확립, 돌봄, 시중듦'이 라는 뜻도 있다. 이것을 바탕으로 paṭṭhāna의 뜻은 크게 첫째 장소, 둘째 확립, 셋째는 앞장섬 세 가지로 둘 수 있다. 첫 번째의 뜻으로 풀면 '념처 (念處) sati를 두는 곳'가 된다. 두 번째 뜻으로는, '신·수·심·법(몸· 느낌·마음·법)이라는 대상에 sati를 강하게 밀착시킨다'로 옮긴다. 그러 나 여기 담마에서는 세 번째 뜻으로 풀어 '알아차림이 앞장섬'으로 옮긴 다. 알아차림의 목적은 탐욕과 성냄을 없애는 것이다. 늘 알아차림이 앞 장서 이끌면 바른 노력과 지혜가 함께 일하므로 앞장선다는 표현을 쓰 는 것이다.

＊ 알아차림 : sati 사띠

sati는 '기억, 새김, 챙김, 주의, 주시, 주의를 기울임, 인식, 념(念)' 등의 뜻이 있다. sati는 보통 '알아차림, 마음 챙김, 주의집중, 깨어있음'으로 굳어진 말이기도 하다. 중요한 것은, 어떻게 옮겼는가가 아니라 알아차 림의 대상이 무엇이고 알아차리는 목적이 무엇인가가 더 중요하다. sati

는 생명체가 자연스럽게 움직이는 것을 알아차리는 게 목적이 아니라 움직임 속에 들어 있는 탐욕과 성냄을 없애는 것이 목적이므로 알아차림의 대상은 꼭두각시 오취온이다.

* 꼭두각시(망석중)

흔히 쓰는 말이지만 불교에서 쓰는 말로는 자리 잡지 않은 말이다. 꼭두각시는 망석중과 같이 순 우리 말로 본디는 전통 인형극 꼭두각시놀음에 나오는 여러 가지 모양의 인형을 뜻하는 말이나, 남이 조종하는 대로 아무 생각 없이 움직이는 이를 이르는 말이다. '마리오네트' 또는 요즘 말로 '아바타'일 것이다.

담마에서는 오취온을 꼭두각시로 쓴다. 다시 말하자면 '탐욕(lobha)' '성냄(dosa)' '어리석음(moha)' '자만(māna)' '삿된 앎(diṭṭhi)' '의심(vicikicchā)' '몽롱함(thīna)' '들뜸(uddhacca)' '잘못을 부끄러워하지 않음(ahiri)' '잘못에 두려움 없음(anotta)' '번뇌(āsava)' '목마름(taṇhā)' '붙잡음(upādāna)'…, 온갖 '낄레사(kilesa)'에 부림 당하고, 조종당해, 놀아나는 오취온을 '꼭두각시'로 옮겼다.

* 사랑 mettā 메따

한국불교에서는 자(慈)로 옮겼다. 흔히들 '자비'라고 하는데 '자'와 '비'는 쓰는 대상이 다르다. mettā는 '나를 아끼고 사랑하듯 사랑하는 마음'이다. 그러므로 나와 수준이 비슷한 이에게 쓰는 마음이다. 담마에서는 담마(팔정도)를 이해하고 실천하는 수준을 뜻한다.

* 안타까움 karuṇā 까루나

한국불교에서는 비(悲)로 옮겼다. 흔히들 '그 아픔까지 사랑하는 마음'이라고 하는데, 마찬가지로 담마의 관점에서 보면 담마를 모르거나 이해하는 수준이 얕은 이에게 쓰는 마음이다. 담마를 모르므로 번뇌에 놀아나 자꾸만 잘못된 행위를 짓고 괴로움에서 벗어나지 못하니 얼마나 안타까운 일인가 하고 연민하는 마음을 쓰는 것이다.

* 기쁨 muditā 무디따

한국불교에서는 희(喜)로 옮겼다. 이 또한 담마의 관점에서 써야 하는데, 나보다 담마의 수준이 높은 이, 곧 담마를 익히고 잘 실천하여 괴로움에 빠지지 않는 지혜로운 이, 존경스러운 이에게 쓰는 마음이다. 기뻐할 일이 있으면 질투하거나 시샘하지 않고 진심으로 기뻐할 줄 아는 마음이다.

* 수카 sukhā

보통은 둑카의 반대말로 쓰며 즐거움, 또는 즐거운 느낌, 행복, 평온한 행복으로 옮긴다.

행복은 괴로움이 없는 상태로 알면 된다.

* 그대로 둠 upekkhā 우뻭카

한국불교에서는 사(捨)로 옮겼다. 담마에서는 '감정 없는 무시' 또는 '있는 그대로 보는 마음'이다. 붓다의 제자 데와닷다처럼 아무리 말해도 이해할 줄 모르고 자신이 잘났다고 착각하며 고집과 아집으로 무시하거나 어리석음에 똘똘 뭉쳐 듣는 귀가 없는 이에게 쓰는 마음이다. 말을 해 줘도 못 알아듣는다고 답답해하거나 화를 내는 것이 아니라 '그렇구나!' 하고, 있는 그대로 보는 마음이다.

*네 가지 나쁜 중생의 길

지옥(地獄, niraya) 아귀(餓鬼, peta) 축생(畜生, tiracchānayoni) 아수라(阿修羅, asura) 일반 불교에서 육도 중생 가운데 아주 안 좋은 길에 있는 중생들로 설명한다.

여기 담마에서의 지옥은 고통을 받는 상태가 지옥, 만족할 줄 모르고 욕심을 부리는 상태가 아귀, 사람의 도리를 모르고 사람을 때리거나 죽이고, 훔치고 뺏고, 성추행하고 성폭행하고, 거짓말과 욕설, 이간질을 일삼는 상태가 짐승, 늘 옳으니 그르니 시비를 걸고 싸움을 일삼는 상태를 아수라로 본다.

*중생 : satta 삿따

빨리어 satta, 산스크리트어 sattva는 중국 역경사(譯經史)로 볼 때, 구역에선 중생(衆生), 신역에선 유정(有情)으로 옮겼다. '존재하다'라는 뜻의 sat에서 파생된 중성명사이며, '존재, 중생, 생명, 인간'이라는 뜻이라고 옮겼다. 여기에서는 따로 설명하지 않는다.

*여섯 가지 큰 악업(惡業)

어머니를 살해하고, 아버지를 살해하고, 아라한 살해하고, 붓다의 몸에 피를 내고, 붓다의 제자들인 상가의 화합을 깨트리고, 삿된 가르침을 따르는 것을 뜻한다.

＊ 윤회 : saṃsāra

한국불교에서는 '사람이 고해에서 나고 죽고 나고 죽고…, 끊임없이 돌고 도는 걸 윤회(輪廻)'라고 옮기고 있다. 그러나 사람이 나고 죽고 나고 죽고 하는 게 아니라 '사람 안에서 괴로움이 끊임없이 돌고 돎'이 윤회다.

＊ 싸두 : Sādhu

'즐기다, 맛보다, 향유하다' sad에서 파생된 명사형이기에 본디는 '감미롭고, 좋고, 기분 좋은 것'을 뜻하는 말이었는데, 상좌부 불교국가에서 누군가 어떤 좋은 일을 하거나, 법문이 끝나면 3번씩 합송(合誦) 함으로 선업을 다 함께 기뻐해 주는 말이 되었고 그때의 뜻은, '훌륭합니다' '선재(善哉, 좋구나!)' '착하도다'와 같은 뜻으로 쓰인다. '싸-두'라고 세 번 하는 까닭은 다른 사람의 선행을 진심으로 기뻐해 주고 그 공덕을 함께 나누려는 의미다.

부록

예(禮)를 올립니다.

나모 땃사 바가와또 아라하또 삼마 삼 붓다싸 (3번)
Namo tassa bhagavato arahato sammā sambuddhassa

그분, 번뇌를 여읜 존귀한 분, 마땅히 공양받을만한 분,
바름이란 진리를 스스로 깨달아 아신 분께 지극한 예를 올립니다.

붓당 사라낭 갓차-미 (Buddhaṁ saraṇaṁ gacchāmi)
담망 사라낭 갓차-미 (Dhammaṁ saraṇaṁ gacchāmi)
상강 사라낭 갓차-미 (Saṅghaṁ saraṇaṁ gacchāmi)

붓다를 의지하여 가겠습니다.
담마를 의지하여 가겠습니다.
상가를 의지하여 가겠습니다.

두띠얌삐 담망 사라낭 갓차-미 (Dutiyampi buddhaṁ saraṇaṁ gacchāmi)

두띠얌삐 담망 사라낭 갓차-미 (Dutiyampi dhammaṁ saraṇaṁ gacchāmi)

두띠얌삐 담망 사라낭 갓차-미 (Dutiyampi saṅghaṁ saraṇaṁ gacchāmi)

두 번째도 붓다를 의지하여 가겠습니다.

두 번째도 담마를 의지하여 가겠습니다.

두 번째도 상가를 의지하여 가겠습니다.

따띠얌삐 붓당 사라낭 갓차-미 (Tatiyampi buddhaṁ saraṇaṁ gacchāmi)

따띠얌삐 붓당 사라낭 갓차-미 (Tatiyampi dhammaṁ saraṇaṁ gacchāmi)

따띠얌삐 담망 사라낭 갓차-미 (Tatiyampi saṅghaṁ saraṇaṁ gacchāmi)

세 번째도 붓다를 의지하여 가겠습니다.

세 번째도 담마를 의지하여 가겠습니다.

세 번째도 상가를 의지하여 가겠습니다.

늘, 지니고 행합시다

- 살아있는 목숨을 함부로 해치거나 죽이지 않겠습니다.

- 남이 주지 않는 것을 몰래 갖거나 뺏지 않겠습니다.

- 남들에게 성희롱이나 성추행 성폭행을 하지 않겠습니다.

- 남들에게 거친 말, 꾸미는 말, 거짓말, 쓸데없는 말을 않겠습니다.

- 정신을 흐리게 하는 것들에 취하지 않도록 하겠습니다.

- 늘 깨어있는 마음으로 순간순간 알아차림 하겠습니다.

- 나도 이롭고 남도 이로운 말과 행동을 하겠습니다.

- 남 탓을 하기보다 나를 먼저 살피겠습니다.

- 물건은 아껴 쓰고 나눠 쓰고 바꿔 쓰고 다시 쓰겠습니다.

- 음식 쓰레기 · 일회용품 · 비닐 쓰레기를 줄이겠습니다.

- 설거지와 빨래 세제를 줄여 쓰겠습니다.

담마 행자(行者)의 다짐

지혜로운 가르침을,
간절한 마음으로 배우겠습니다.
행복한 마음으로 익히겠습니다.
기쁜 마음으로 따르겠습니다.

지혜로운 가르침을 실천함으로써 탐욕에서 벗어나기를…!

지혜로운 가르침을 실천함으로써 성냄에서 벗어나기를…!

지혜로운 가르침을 실천함으로써 어리석음에서 벗어나기를…!

지혜로운 가르침을 실천함으로써 모든 욕망에서 벗어나기를…!

지혜로운 가르침을 실천함으로써 미움과 원망에서 벗어나기를…!

지혜로운 가르침을 실천함으로써 시기와 질투에서 벗어나기를…!

지혜로운 가르침을 실천함으로써 후회와 걱정에서 벗어나기를…!

지혜로운 가르침을 실천함으로써 의심과 들뜸에서 벗어나기를…!

지혜로운 가르침을 실천함으로써 게으름과 혼침에서 벗어나기를…!

지혜로운 가르침을 실천함으로써 잘못된 견해에서 벗어나기를…!

지혜로운 가르침을 실천함으로써 불안과 두려움에서 벗어나기를…!
지혜로운 가르침을 실천함으로써 나는 물론이고
모든 인연이 건강하고 행복하고 평화롭기를 원합니다.

지혜로운 가르침을 실천함으로써 나는 물론이고
모든 인연이 하루빨리 닙바나를 이루기를 간절히 원합니다.

붓다 예찬

이띠삐 소 바가와- 아라항 삼마-삼붓도-
윗자-짜라나삼빤노 수가또 로까위두
아눗따로 뿌리사담마사 라티
삿타-데와마눗사-낭 붓도 바가와-

Itipi so bhagavā arahaṁ sammāsambuddho
vijjācaraṇasampanno sugato lokavidū
anuttaro purisadammasārathi
satthā devamanussānaṁ buddho bhagavā.

참으로 존귀한 그분,
모든 번뇌를 여의시어 마땅히 공영 받을만한 분,
바름이란 진리를 스스로 아신 분,
지혜와 실천행을 두루 갖추신 분,
진리의 길을 펴시고 잘 가신 분,
세상의 이치를 낱낱이 꿰뚫어 아신 분,
중생의 위 없는 스승이자 탐진치를 다스림에 대장부이신 분,
어리석은 이를 으뜸으로 잘 가르치신 분
천신(브라만)과 인간의 스승이신 분,
바름이라는 진리를 아신 존귀한 분.

담마 예찬

스왁-카-또- 바가와따 담모- 산딧터꼬- 아깔-리꼬
에-히빳시꼬 오-빠나이꼬- 빳짯땅 웨디땁보 윈뉴-히 띠

Svākkhāto Bhagavatā Dhammo Sandiṭṭhiko Akāliko
Ehi-passiko Opanayiko Paccattaṁ Veditabbo viññūhī ti.

붓다의 담마는, 잘 설해진 진리로서
스스로 보고 알 수 있는 것이며,
때와 관계없이 이치로 만날 수 있으며,
누구든 와서 보라 할 만한 것이며,
늘 지닐 수 있는 것이므로
누구나 다 알아들을 수 있습니다.

예찬 뜻풀이

붓다 예찬

붓다 예찬은, 붓다께서 어떤 분인지 당시에 붓다를 일컫는 이름들을 읊는 것입니다. 붓다께서는 여러 개의 이름으로 불렸는데요. 우리나라에 서는 '여래 십호(如來十號)'라고 합니다.

이띠삐 소 바가와- (Itipi so bhagavā) : 존귀한 그분

아라항 (arahaṁ) : 모든 번뇌를 여의시어 마땅히 공양받을만한 분, 응공 (應供)

삼마-삼붓도 (sammāsambuddho) : 바름이라는 진리를 스스로 아신 분, 정변지(正遍知)

윗자-짜라나삼빤노 (vijjācaraṇasampanno) : 지혜와 실천을 다 갖추신 분, 명행족(明行足)

수가또 (sugato) : 진리의 길을 펴시고 잘 가신 분, 선서(善逝)

로까위두 (lokavidū) : 세상의 이치를 낱낱이 꿰뚫어 아신 분, 세간해(世間解)

아눗따로 뿌리사담마사 라티 (anuttaro purisadammasārathi) : 중생의 위 없는 스승이자 탐진치를 다스림에 대장부이신 분, 무상사 · 조어장부(無上師 · 調御丈夫)

삿타-데와마눗사-낭 (satthā devamanussānaṁ) : 천신(브라만)과 인간의 스승이신 분, 천인사(天人師)

붓도 (buddho) 바가와- (bhagavā) : 바름이라는 진리를 아신 존귀한 분, 불 · 세존(佛 · 世尊)

담마 예찬
= 담마 공덕 여섯 가지

붓다의 가르침 담마에는 여섯 가지 공덕이 있습니다.

스왁-카-또- (Svākkhāto) : 붓다의 담마는, 어떤 누구도 시비를 걸 수 없을 만큼 잘 설해진 진리고,

바가와따 (Bhagavatā) 담모- (Dhammo) : 스스로 보고 알 수 있는 진리며,

산딧티꼬- (Sandiṭṭhiko) : 때와 관계없이 이치로 만날 수 있으며,

아깔-리꼬 (Akāliko) : 누구든 와서 보라 할 만한 것이며,

에-히빳시꼬 (Ehi-passiko) : 늘 지닐 수 있는 것으로서

오-빠나이꼬- (Opanayiko) 빳짯땅 웨디땁보 윈뉴-히 띠 (Paccattaṁ Veditabbo viññūhī ti) : 말을 알아들을 수 있는 이는 누구나 다 알 수 있다.

그러니까 붓다의 담마는, 논리에 뛰어나고 말 잘하는 똑똑한 이들이 와서 시비를 걸을 수 없을 만큼 완벽한 가르침이고, 시공간을 뛰어넘은 진리로 2600년 전에는 통했고 지금도 통하는 말씀이며, 사람을 위한 진리이기에 더 먼 미래에도 통할 가르침이며, 알 수 없는 전생의 이야기가 아니기에 가르침을 듣고 실천하면 스스로 이로움과 결과를 보고 알 수 있는 가르침입니다.

국적 · 인종 · 성별 · 나이 · 직업의 귀천 · 종교와 상관없이 사람이라면 누구든 와서 들어보라 할 만한 가르침이고, 법당에 갔을 때는 있고, 절

에 갔을 때는 있는데 나와서는 없고, 일할 때도 없고, 집에서도 없고, 시장이나 병원에 갔을 때는 없는 게 아니라, 절에 가거나 시장이나 병원에 가거나, 집에 있을 때나, 놀러 갔을 때나, 바다에 갔을 때나, 산에 갔을 때나 언제 어느 때나 늘 지닐 수 있는 진리며, 많이 배운 사람은 알 수 있고 못 배운 사람은 알 수 없는 게 아니라, 특별한 사람들만 알아들을 수 있고 행할 수 있는 진리가 아니라 사람이라면 누구나 말귀만 알아들을 수 있다면 알 수 있는 가르침이 바로 붓다의 가르침이라는 겁니다.

스승의 지혜로운 말씀

나모 땃사 바가와또 아라하또 삼마 삼 붓다싸.(3번)

(Namo tassa bhagavato arahato sammāsambuddhassa.)

그분, 번뇌를 여읜 존귀한 분, 마땅히 공양받을만한 분,
바름이란 진리를 스스로 깨달아 아신 분께 지극한 예를 올립니다.

처음 담마를 펴 보이심 : 轉法輪經 : Dhammacakkappavattana Sutta

저는 이렇게 들었습니다.

어느 때, 붓다께서는 이시빠타나(Isipatana)의 사슴 동산에 가셨고,

그때 만난 다섯 수행자에게 이와 같은 설법을 하셨습니다.

수행자:修行者는 두 가지 치우친 길:兩極端에 기대지 말아야 하오.

두 가지 치우침이란 무엇인가?

첫 번째 치우친 길, 욕망의 길은

바깥 대상이 주는 즐거움을 좇는 일에 힘을 쏟는 것으로,

그것은 하찮고, 성글며, 어리석은 자가 하는 짓이며,

지혜로운 이가 할 바가 아니며, 아무런 이로움이 없다오.

두 번째 치우친 길, 금욕의 길은

자신을 힘들게 하는 일에 힘을 쏟는 것으로서

괴로운 것이며 어리석은 자가 하는 짓이고,

지혜로운 이가 할 바가 아니며, 아무 이로움을 주지 않는다오.

사문들이여, 나는 두 가지 치우친 길에 빠지지 않고

'중도'를 꿰뚫어 알았다오.

중도는 눈을 뜨게 하고, 지혜를 만들고, 번뇌를 멈추게 하고,

최상의 지혜를 일으키고, '네 가지 진리'를 알게 하고,

괴로움을 사라지게(닙바나) 한다오.

사문들이여, 나 여래:如來가 깨달았고, (지혜의) 눈을 뜨게 하고,
지혜를 일으키며, 번뇌를 멈추게 하고, 네 가지 진리를 꿰뚫어 알고,
괴로움을 소멸(消滅)케 하는 그 중도(中道)는 무엇인가?

그것은 팔정도:八正道, '여덟 가지 바른길'이라오.
'여덟 가지 바른길'은 무엇인가?
바른 앎, 바른 생각, 바른말, 바른 행동, 바른 표정,
바른 노력, 바른 알아차림, 바른 마음가짐이라오.

사문들이여, 나 여래가 깨달았고, (지혜의) 눈을 뜨게 하고,
지혜를 일으키며, 번뇌를 멈추게 하고, 네 가지 진리를 꿰뚫어 알고,
괴로움을 소멸케 하는 중도는 '여덟 가지 바른길'이오.

사문들이여,
태어남이 괴로움이고, 늙음이 괴로움이며,
병듦이 괴로움이고, 죽음도 괴로움이오.
좋아하지 않는 것과 만남이 곧 괴로움이고,
좋아하는 것과 만나지 못하는 것도
괴로움이며, 원하는 것을, 얻지 못하는 것이 괴로움이며,
간추려 말하면 '집착으로 생긴 다섯 무더기'가 곧 괴로움이며,
이것이 첫 번째 진리 – '괴로움'이오.

사문들이여,

또다시 잘못된 '업'을 짓게 하고, 욕망의 좋아함과 함께 하며,

이런저런 잘못된 업을 짓도록 강하게 일어나는 '목마름'이 있다오.

사문들이여, '목마름'은 무엇인가?

바깥 대상과 함께 감각의 즐거움을 얻으려는 목마름(欲界 삶)이고.

대상을 물질로만 보려는 목마름(色界 삶)이며.

물질도 정신도 없는 것으로 보려는 목마름(無色界 삶)이오.

이것이 '두 번째 진리 – 괴로움이 일어나는 까닭'이라오.

사문들이여,

그 '목마름'에 물들지 않고, (목마름이) 남김없이 사라지고,

(목마름을) 버리고, 놓아버리고, (목마름에) 붙잡히지 않고, 벗어나는 것.

이것이 '세 번째 진리 – 괴로움이 사라짐'이라오.

사문들이여,

'바른 앎, 바른 생각, 바른말, 바른 행동,

바른 표정, 바른 노력, 바른 마음가짐'은

네 번째 진리 – '괴로움이 사라지도록 이끄는 길'이오.

사문들이여,

'괴로움(苦)이라는 진리구나!'라고

일찍이 한 번도 들어보지 못한 진리에 대해

나는 (지혜로운) 눈이 생겼고, 슬기가 생겼고, 지혜가 생겼고,
꿰뚫어 아는 앎이 생겼고, 빛이 일어났다오. (苦諦)

사문들이여,
'괴로움을 꿰뚫어 알아야 한다.'라고
일찍이 한 번도 들어보지 못한 진리에 대해
나는 (지혜로운) 눈이 생겼고, 슬기가 생겼고, 지혜가 생겼고,
꿰뚫어 아는 앎이 생겼고, 빛이 일어났다오.

사문들이여,
'괴로움을 분명하게 꿰뚫어 알았다.'라고
일찍이 한 번도 들어보지 못한 진리에 대해
나는 (지혜로운) 눈이 생겼고, 슬기가 생겼고, 지혜가 생겼고,
꿰뚫어 아는 앎이 생겼고, 빛이 일어났다오.

사문들이여,
'이것이 괴로움이 일어나는 까닭이구나!'라고
일찍이 한 번도 들어보지 못한 진리에 대해
나는 (지혜로운) 눈이 생겼고, 슬기가 생겼고, 지혜가 생겼고,
꿰뚫어 아는 앎이 생겼고, 빛이 일어났다오. (集諦)

사문들이여,
'괴로움이 일어나는 까닭을 없애야겠구나!'라고

일찍이 한 번도 들어보지 못한 진리에 대해

나는 (지혜로운) 눈이 생겼고, 슬기가 생겼고, 지혜가 생겼고,

꿰뚫어 아는 앎이 생겼고, 빛이 일어났다오.

사문들이여,

'괴로움이 일어나는 까닭을 없앴다.'라고

일찍이 한 번도 들어보지 못한 진리에 대해

나는 (지혜로운) 눈이 생겼고, 슬기가 생겼고, 지혜가 생겼고,

꿰뚫어 아는 앎이 생겼고, 빛이 일어났다오.

사문들이여,

'이것이 괴로움의 소멸이구나!'라고

일찍이 한 번도 들어보지 못한 진리에 대해

나는 (지혜로운) 눈이 생겼고, 슬기가 생겼고, 지혜가 생겼고,

꿰뚫어 아는 앎이 생겼고, 빛이 일어났다오. (滅諦)

사문들이여,

'괴로움이 사라짐에 이르러야 한다.'라고

일찍이 한 번도 들어보지 못한 진리에 대해

나는 (지혜로운) 눈이 생겼고, 슬기가 생겼고, 지혜가 생겼고,

꿰뚫어 아는 앎이 생겼고, 빛이 일어났다오.

사문들이여,

'괴로움이 사라짐에 이르렀다.'라고

일찍이 한 번도 들어보지 못한 진리에 대해

나는 (지혜로운) 눈이 생겼고, 슬기가 생겼고,

지혜가 생겼고, 꿰뚫어 아는 앎이 생겼고, 빛이 일어났다오.

사문들이여,

'이것이 괴로움을 소멸로 이르게 하는 길이구나!'라고

일찍이 한 번도 들어보지 못한 진리에 대해

나는 (지혜로운) 눈이 생겼고, 슬기가 생겼고,

지혜가 생겼고, 꿰뚫어 아는 앎이 생겼고, 빛이 일어났다오. (道諦)

사문들이여,

'괴로움을 소멸케 하는 길을 가야겠구나!'라고

일찍이 한 번도 들어보지 못한 진리에 대해

나는 (지혜로운) 눈이 생겼고, 슬기가 생겼고,

지혜가 생겼고, 꿰뚫어 아는 앎이 생겼고, 빛이 일어났다오.

사문들이여,

'괴로움이 사라짐으로 이르게 하는 길에 이르렀구나!'라고

일찍이 한 번도 들어보지 못한 진리에 대해

나는 (지혜로운) 눈이 생겼고, 슬기가 생겼고,

지혜가 생겼고, 꿰뚫어 아는 앎이 생겼고, 빛이 일어났다오.

사문들이여,

이 '네 가지 거룩한 진리'에 대해 세 가지씩 열두 가지를,

있는 그대로 알고 봄이 맑고 뚜렷하기 전에는

'나는, 사문 · 브라만 · 천신 · 악마 · 왕족 · 일반 사람들 가운데

으뜸가는 지혜를 스스로 깨달았다.'라고 받아들이지 않았다오.

사문들이여,

이 '네 가지 거룩한 진리'에 대해 세 가지씩 열두 가지를,

있는 그대로 알고 봄이 맑고 뚜렷해졌을 때

'나는, 사문 · 브라만 · 천신 · 악마 · 왕족 · 일반 사람들 가운데

으뜸가는 지혜를 스스로 깨달았다.'라고 받아들였다오.

나에게 (아라한의 지혜로) 앎과 봄이 생겼고,

나의 해탈은 무너지지 않을 것이오. 이것이 나의 마지막 생이며

다시는 (오취온인 꼭두각시) 업을 짓지 않을 것이라오.

붓다는 이처럼 말씀하셨고, 다섯 사문은 아주 기쁘게 받아들였습니다.

원인과 결과가 돌고 돎에 대한 말씀 (緣起經: paṭicca-samuppāda-sutta)

저는 다음과 같이 들었습니다.

어느 때 붓다께서는 사왓티 제따와나 동산 아나타삔디카 사원에

계실 때였습니다.

붓다는 "비구들이여!"라고 비구들을 부른 뒤,

다음과 같이 말씀하셨습니다.

"비구들이여, 연기에 대해 말하겠소. 잘 듣고 마음에 새기도록 하시오."

"잘 알겠습니다. 붓다시여!"

비구들은 대답했고, 붓다는 말씀하셨습니다.

"비구들이여! 연기란 무엇인가?

고를 모르는(무명) 원인 때문에 잘못된 업(행위)이 일어났고,

잘못된 업 때문에 (번뇌에 놀아난) 마음(식)이 생겼고,

(번뇌에 놀아난) 마음 때문에

(번뇌에 놀아난) 몸과 마음(명색)이 생기고,

(번뇌에 놀아난) 몸과 마음 때문에

(번뇌에 놀아난) 여섯 감각 기관(육입)이 생기고,

(번뇌에 놀아난) 여섯 감각 기관이라는 조건이 있어

(번뇌에 놀아난) 부딪침(촉)이 생기고,

(번뇌에 놀아난) 부딪침이라는 조건이 있어

(번뇌에 놀아난) 느낌(수)이 생기고,

(번뇌에 놀아난) 느낌이라는 조건 때문에

(번뇌에 놀아난) 목마름(갈애)이 생기고,

(번뇌에 놀아난) 목마름이라는 조건이 있어

(번뇌에 놀아난) 움켜잡음(취)이 생기고,

(번뇌에 놀아난) 움켜잡음이라는 조건 때문에

(번뇌에 놀아난 뒤 더 강해진) 행위(유)가 생기고,

(번뇌에 놀아난) 행위 때문에

(번뇌에 놀아난) 태어남이(생) 생기고,

(번뇌에 놀아난) 태어남이라는 조건이 있어

늙음과 죽음, 근심, 슬픔, 고통, 불쾌감, 절망이 생긴다오.

모든 괴로움의 무더기들은 이와 같은 모습으로 생겨난다오.

비구들이여, 이것을 연기라고 하오.

고를 모름이 남김없이 없어지고 사라졌기 때문에

(번뇌에 놀아난) 잘못된 행위가 사라지고,

(번뇌에 놀아난) 잘못된 행위가 사라지면

(번뇌에 놀아난) 잘못된 마음이 사라지고,

(번뇌에 놀아난) 마음이 사라지면

(번뇌에 놀아난) 마음과 몸이 사라지고,

(번뇌에 놀아난) 마음과 물질이 사라지면

(번뇌에 놀아난) 여섯 감각 기관이 사라지고,

(번뇌에 놀아난) 여섯 감각 기관이 사라지면

(번뇌에 놀아난) 부딪침이 사라지고,

(번뇌에 놀아난) 부딪침이 사라지면

(번뇌에 놀아난) 느낌이 사라지고,

(번뇌에 놀아난) 느낌이 사라지면

(번뇌에 놀아난) 목마름이 사라지고,

(번뇌에 놀아난) 목마름이 사라지면

(번뇌에 놀아난) 움켜잡음이 사라지고,

(번뇌에 놀아난) 움켜잡음이 사라지면

(번뇌에 놀아난 뒤 더 강해진) 행위가 사라지고,

(번뇌에 놀아난 뒤 더 강해진) 행위가 사라지면

(번뇌에 놀아난) 태어남이 사라지고,

(번뇌에 놀아난) 태어남이 사라지면

늙음과 죽음, 근심, 슬픔, 고통, 불쾌감, 절망이 사라진다오.

이와 같은 모습으로 모든 괴로움의 무더기들은 사라진다오.”

라고 붓다께서 말씀하시자 비구들은 아주 기뻐하며 좋아하였다.

내가 아님에 대한 말씀 (無我經:Anatta—lakkhana Sutta)

(전법륜을 통해 지혜의 눈이 생긴 다섯 비구에게 그다음 일러주신 가르침.)

어느 때, 붓다께서는 바라나시 이시빠타나의 사슴 동산 숲에 머무셨고,

다섯 비구를 향해 "비구들이여!"라고 부르셨습니다.

다섯 비구는, "예, 여래시여!" 대답하자,

다음과 같이 설법:說法하셨습니다.

"비구들이여, 이 몸은 내가 아니오.

비구들이여, 이 몸이 나라면 이 몸은 병들지 않아야 하고,

이 몸이 이렇게 되기를 바라면 그렇게 뜻대로 되어야 하오.

비구들이여, 이 몸은 내가 아니기에 몸은 병들고,

이렇게 되기를 바라지만 이렇게 되지 않는다오.

비구들이여, 느낌은 내가 아니오.

비구들이여, 느낌이 나라면 이 느낌은 병들지 않아야 하고,

이 느낌이 이렇게 되기를 바라면 이렇게 뜻대로 되어야 하오.

비구들이여, 이 느낌은 내가 아니기에 느낌은 병들고,

이렇게 되기를 바라지만 이렇게 되지 않는다오.

비구들이여, 기억은 내가 아니오.

비구들이여, 기억이 나라면 이 기억은 병들지 않아야 하고,

이 기억이 이렇게 되기를 바라면 이렇게 뜻대로 되어야 하오.

비구들이여, 이 기억은 내가 아니기에 기억은 병들고,
이렇게 되기를 바라지만 이렇게 되지 않는다오.

비구들이여, 생각은 내가 아니오.
비구들이여, 생각이 나라면 이 생각은 병들지 않아야 하고,
이 기억이 이렇게 되기를 바라면 이렇게 뜻대로 되어야 하오.
비구들이여, 이 생각은 내가 아니기에 생각은 병들고,
이렇게 되기를 바라지만 이렇게 되지 않는다오.

비구들이여, 앎은 내가 아니오.
비구들이여, 앎이 나라면 이 앎은 병들지 않아야 하고,
이 앎이 이렇게 되기를 바라면 이렇게 뜻대로 되어야 하오.
비구들이여, 이 앎은 내가 아니기에 앎은 병들고,
이렇게 되기를 바라지만 이렇게 되지 않는다오.

비구들이여, 어떻게 생각합니까?
이 몸은 견고합니까? 견고하지 않습니까?
붓다시여, 견고하지 않습니다.

비구들이여, 견고하지 않은 것은 괴로움인가요? 행복인가요?
붓다시여, 괴로움입니다.

비구들이여, 견고하지 않고, 괴로움인 것을

'이것은 내 것이고, 이것은 나'라고 보는 것이 옳습니까?
붓다시여, 옳지 않습니다.

비구들이여, '이것은 나'라고 여겨 잘난 체하고 집착하는 게 옳습니까?
붓다시여, 옳지 않습니다.

비구들이여, 이 느낌은 견고합니까? 견고하지 않습니까?
붓다시여, 견고하지 않습니다.

비구들이여, 견고하지 않은 것은 괴로움인가요? 행복인가요?
붓다시여, 괴로움입니다.

비구들이여, 견고하지 않고, 괴로움인 것을
'내 것이라고, 나'라고 보는 것이 옳습니까?
붓다시여, 옳지 않습니다.

비구들이여, '이것은 나'라고 여겨 잘난 체하고 집착하는 게 옳습니까?
붓다시여, 옳지 않습니다.

비구들이여, 이 기억은 견고합니까? 견고하지 않습니까?
붓다시여, 견고하지 않습니다.

비구들이여, 견고하지 않은 것은 괴로움인가요? 행복인가요?

붓다시여, 괴로움입니다.

비구들이여, 견고하지 않고, 괴로움인 것을
'내 것이라고, 나'라고 보는 것이 옳습니까?
붓다시여, 옳지 않습니다.

비구들이여, '이것은 나'라고 여겨 잘난 체하고 집착하는 게 옳습니까?
붓다시여, 옳지 않습니다.

비구들이여, 이 생각은 견고합니까? 견고하지 않습니까?
붓다시여, 견고하지 않습니다.

비구들이여, 견고하지 않은 것은 괴로움인가요? 행복인가요?
붓다시여, 괴로움입니다.

비구들이여, 견고하지 않고, 괴로움인 것을
'내 것, 나'라고 보는 것이 옳습니까?
붓다시여, 옳지 않습니다.

비구들이여, '이것은 나'라고 여겨 잘난 체하고 집착하는 게 옳습니까?
붓다시여, 옳지 않습니다.

비구들이여, 이 앎은 견고합니까? 견고하지 않습니까?

붓다시여, 견고하지 않습니다.

비구들이여, 견고하지 않은 것은 괴로움인가요? 행복인가요?
붓다시여, 괴로움입니다.

비구들이여, 견고하지 않고, 괴로움인 것을
'내 것, 나'라고 보는 것이 옳습니까?
붓다시여, 옳지 않습니다.

비구들이여, '이것은 나'라고 여겨 잘난 체하고 집착하는 게 옳습니까?
붓다시여, 옳지 않습니다.

비구들이여, 그러므로 이미 사라졌거나, 지금 있거나,
나중에 생겨날 몸, 안에 있거나 밖에 있는 몸,
거칠거나 부드러운 몸, 하찮거나 고귀한 몸,
가까이 있거나 멀리 있는 몸, 그 모든 몸을,
'이것은 내 것이 아니고, 이것은 내가 아니고, 이것은 잘난 체하고
집착해서는 안 될 몸'이라고 있는 그대로 바른 지혜로 보아야 하오.

비구들이여, 그러므로 이미 사라졌거나, 지금 있거나,
나중에 생겨날 느낌, 안에 있거나 밖에 있는 느낌,
거칠거나 부드러운 느낌, 하찮거나 고귀한 느낌,
가까이 있거나 멀리 있는 느낌, 그 모든 느낌을,

'이것은 내 것이 아니고, 이것은 내가 아니고,
이것은 잘난 체하고 집착해서는 안 될 느낌'이라고
있는 그대로 바른 지혜로 보아야 하오.

비구들이여, 그러므로 이미 사라졌거나, 지금 있거나,
나중에 생겨날 기억, 안에 있거나 밖에 있는 기억,
거칠거나 부드러운 기억, 하찮거나 고귀한 기억,
가까이 있거나 멀리 있는 기억, 그 모든 기억을,
'이것은 내 것이 아니고, 이것은 내가 아니고,
이것은 잘난 체하고 집착해서는 안 될 기억'이라고
있는 그대로 바른 지혜로 보아야 하오.

비구들이여, 그러므로 이미 사라졌거나, 지금 있거나,
나중에 생겨날 생각, 안에 있거나 밖에 있는 생각,
거칠거나 부드러운 생각, 하찮거나 고귀한 생각,
가까이 있거나 멀리 있는 생각, 그 모든 생각을,
'이것은 내 것이 아니고, 이것은 내가 아니고,
이것은 잘난 체하고 집착해서는 안 될 생각'이라고
있는 그대로 바른 지혜로 보아야 하오.

비구들이여, 그러므로 이미 사라졌거나, 지금 있거나,
나중에 생겨날 앎, 안에 있거나 밖에 있는 앎,
거칠거나 부드러운 앎, 하찮거나 고귀한 앎,

가까이 있거나 멀리 있는 앎, 그 모든 앎을, '이것은 내 것이 아니고,
이것은 내가 아니고, 이것은 잘난 체하고 집착해서는 안 될 앎'이라고
있는 그대로 바른 지혜로 보아야 하오.

비구들이여! 이렇게 말한 대로 보고 듣는 지혜로운 제자들은,
(오취온인 꼭두각시) 몸을 싫어하고, 느낌을 싫어하고,
기억을 싫어하고, 생각을 싫어하고, 앎을 싫어한다오.
(꼭두각시를) 싫어하기에 집착이 사라지고, 집착에서 벗어난다오.
(꼭두각시를) 벗어나면 (나는) 벗어났다고 아는 지혜가 생기오.
'(꼭두각시가) 생겨남은 끝나고, 여덟 가지 성스러운 행을 다 닦았다,
해야 할 일을 마치고 다시 이것을 위해 해야 할 일은 없다.'라고
뚜렷이 안다오.

붓다께서는 이와 같은 법을 말씀하셨고,
다섯 비구는 기쁘게 받아들였습니다.
이 가르침을 듣고 다섯 비구의 마음은 (꼭두각시를 내 몸, 나라고)
집착하지 않고, 번뇌에서 벗어났습니다.

알아차림이 앞장섬에 대한 말씀

(알아차림이 앞장섬 경:大念處經:Mahāsatipaṭṭhāna Sutta)

저는 이와 같이 들었습니다.

한때 붓다는 꾸루족이 사는 지방 읍내 깜맛사담마에 머무셨습니다.

붓다는 "비구들이여!"라고 불렀고

비구들은 "네, 붓다시여!"라고 대답했습니다.

붓다는 비구들에게 다음과 같이 말씀하셨습니다.

"비구들이여, 이 길은 중생을 맑게 하고, 걱정과 통곡을 이겨내게 하고,

괴로움과 분노가 사라지게 하고, 지혜가 생기게 하고,

닙바나를 이루게 하는 오직 하나의 길로서

네 가지 알아차림을 하는 공부라오.

무엇이 네 가지인가?

비구들이여, 비구는 몸에서 몸을 끊임없이 관찰하면서 지혜를 얻고

세상에 대한 탐욕과 성냄을 없애면서 살아간다오.

비구는 느낌에서 느낌을 끊임없이 관찰하면서 지혜를 얻고

세상에 대한 탐욕과 성냄을 없애면서 살아간다오.

비구는 마음에 마음을 끊임없이 관찰하면서 지혜를 얻고

세상에 대한 탐욕과 성냄을 없애면서 살아간다오.

법에서 법을 끊임없이 관찰하면서 지혜를 얻고

세상에 대한 탐욕과 성냄을 없애면서 살아간다오."

행복한 삶을 위한 말씀 (幸福經, Mangala Sutta)

어느 때 붓다께서 사왓띠의 제따와나(기원정사)에 계실 때,
많은 이들이 붓다께 여쭙기를,

"어떻게 해야 오래도록 행복한 삶을 얻을 수 있는지요?
 저희에게 일러주십시오. 듣기를 원합니다."

붓다께서 말씀하셨다.

어리석은 자와 사귀지 말고, 슬기로운 이와 사귀며,
존경할 만한 이 존경하는 일, 이것이 으뜸가는 행복이라오.

알맞은 곳에 머물며, 세상에 이로운 일 하며,
'바름'을 행하며 사는 것, 이것이 으뜸가는 행복이라오.

널리 배우고 바른 버릇 익히고, 바른 닦음으로 몸과 마음 다스리며,
쓸데없는 말 버리고 진실한 말 하는 것, 이것이 으뜸가는 행복이라오.

부모님 잘 섬기고, 아내(남편)와 자식들 사랑으로 보살피며,
부끄럽지 않은 일 하는 것, 이것이 으뜸가는 행복이라오.

널리 베풀고 도리를 지키며, 이웃과 친척들과 사이좋게 지내며,

비난받을 짓 하지 않는 것, 이것이 으뜸가는 행복이라오.
어떤 나쁜 짓도 하지 않고, 정신이 흐리도록 술을 마시지 않으며,
사람의 도리 거스르지 않는 것, 이것이 으뜸가는 행복이라오.

늘 겸손하고 부드러우며, 모든 일에 고마워하며 만족할 줄 알고,
지혜로운 말씀 듣는 자리 자주 가지는 것, 이것이 으뜸가는 행복이라오.

마음 다스리는 지혜로운 이를 만나면 따르고,
바른 마음으로 예의를 지키며,
때에 알맞게 진리를 묻고 나누는 것, 이것이 으뜸가는 행복이라오.

마음 다스려 맑은 삶을 살며, 거룩한 진리의 이치를 알아서
할 뿐인 행을 하면서 자유와 행복을 얻는 것,
이것이 으뜸가는 행복이라오.

중생 세상의 힘들고 험한 일 부딪칠지라도 흔들림 없는 마음으로
걱정이나 욕심에 휘둘리지 않는 것, 이것이 으뜸가는 행복이라오.

어느, 누구든 이와 같은 삶을 산다면 어디를 가던
보이지 않는 보호가 있으니 이것이 으뜸가는 행복이라오.

사랑에 대한 말씀 (自愛經:Metta Sutta)

누구든 착한 일을 버릇처럼 하면서
자유롭고 평화로운 경지에 이르고자 한다면,
여덟 가지 바른길을 가면서, 모든 일에 정직하고,
참을 줄 알고, 사납지 않으며, 겸손해야 한다오.

주어지는 것에 만족할 줄 알고, 까다롭지 않으며,
바쁘지 않고, 검소하게 살며, 감각 기관을 다스리고,
깊이 생각하고 행동하며, 잘못함에 부끄러운 줄 알고,
모든 것에 욕심내지 않으며, 가까운 사람을 집착하지 않아야 하오.

아주 작은 허물일지라도 짓지 않으므로 어진 이의 칭찬을 들으며,
뭇 중생의 몸과 마음이 편안하고 행복하여 위험 없기를 바라야 하오.

살아있는 그 어떤 생명일지라도 여리거나 세거나 작거나
크거나 굵거나, 길거나 짧거나 중간이거나, 부드럽거나 거칠거나,
보이거나 안 보이거나, 가까이 살거나 멀리 살거나
이미 태어났거나 앞으로 태어날 것에도 늘 행복하기를 바라야 하오.

누구든 다른 이를 속이지 말고,
어디서나 다른 이를 업신여기지 말고,
성내지 않고, 뼛속 깊이 사무치는 마음 (원한) 품지 않고

남이 괴롭지 않기를 바라는 마음이 마치,
어머니가 하나뿐인 자식 지키듯,

모든 사람을 보호하며 자신에게 있는 한량없는 자애의 마음 끌어내어
널리 두루 베풀어야 하며, 천상중생에서 지옥 중생에게 이르기까지
아무 걸림 없고 미움이나 사무침(원망)이 없어야 하오.

서 있거나, 걷거나, 앉아 있거나, 누워있거나, 깨어있을 때는
언제라도 자애의 마음 잃지 않도록 늘 챙길 줄 아는 것이
맑고 걸림 없는 삶이라오.

몸과 입 마음을 다스림과 되돌아 살피는 지혜가 없어도
감각의 즐거움과 욕심을 다스릴 수 있다는
그릇된 앎에 치우치지 않을 때,
괴로움이 돌고 도는 (윤회의) 삶을 다시는 짓지 않을 것이라오.

승리를 축복하는 말씀 (勝利祝福偈頌 : Jayamaṅgala gāthā)

마군(魔軍)들이 수천 개의 무기:武器를 들고
'기리메깔라' 코끼리를 타고 무섭게 공격해 올 때,
대장부께서는 보시 공덕과 진리의 힘으로
(그들을) 무릎 꿇리고 승리하셨다.
그와 같은 위신력(威神力)으로 우리에게도 승리의 축복이 있어지이다.

마군보다 더 사납고 흉악한 마왕:魔王 '날라와까'가
밤새워 싸움을 걸어왔지만,
대장부께서는 인내와 자애심으로 (그들을) 무릎 꿇리고 승리하셨다.
그와 같은 위신력으로 우리에게도 승리의 축복이 있어지이다.

술에 취하면 사납기로 이름난 코끼리 '날라기리'가 마른 숲의 불길처럼
거칠게 쳐들어오는 게, 마치 천둥 번개 같을 때
대장부께서는 자애의 마음을 (그에게) 보내어 무릎 꿇리고 승리하셨다.
그와 같은 위신력으로 우리에게도 승리의 축복이 있어지이다.

사악한 '앙굴리 말라'가 피 묻은 칼을 높이 쳐들고 가까이 다가올 때,
대장부께서는 '멈추어라' 말씀과 진리의 힘으로
(그를) 무릎 꿇리고 승리하셨다.
그와 같은 위신력으로 우리에게도 승리의 축복이 있어지이다.

삿된 무리를 따르는 여인 '찐짜마나'가 바가지를 배에 넣고
임신으로 꾸민 채 많은 사람 앞에서 대장부를 모함 비난할 때,
대장부께서는 고요히 침묵으로 여인을 무릎 꿇리고 승리하셨다.
그와 같은 위신력으로 우리에게도 승리의 축복이 있어지이다.

교만한 바라문 '삿짜까'는 진리를 무시하며 쓸데없는 말로 논쟁하러
왔지만
대장부께서는 지혜의 등불을 밝혀 (그를) 무릎 꿇리고 승리하셨다.
그와 같은 위신력으로 우리에게도 승리의 축복이 있어지이다.

힘세고 간교한 '난도빠난다' 독뱀을, 대장부께서는 으뜸가는 제자
목갈라나를 보내 지혜로움으로 무릎 꿇리고 승리하게 하셨다.
그와 같은 위신력으로 우리에게도 승리의 축복이 있어지이다.

청정한 바라문 '바까'가 난폭한 독뱀에 손을 물려 고통스러워할 때
대장부께서는 지혜의 약으로 고통을 다스리게 하셨다.
그와 같은 위신력으로 우리에게도 승리의 축복이 있어지이다.

누구라도 이 여덟 게송을 믿음으로 날마다 읽고 외운다면
장애가 사라지고 지혜를 갖추며 닙바나의 축복이 있을 것입니다.

보배에 대한 말씀 (寶石經:Ratana sutta)

땅 위나 허공의 모든 이들이여!
선한 마음으로 이 가르침에 귀 기울이길 바랍니다.

모든 이들이여! 사람을 대할 때는 자애롭게 행동하며
때를 가리지 않고 베풀 줄 아는 이를 언제나 보호하길 바랍니다.

이 세상 안팎에 있는 모든 보배 가운데
붓다와 견줄만한 보배는 없으니
붓다는 참으로 으뜸가는 보배
이러한 진리에 따라 모두가 행복하기를…!

갈애를 없애고 괴로움의 윤회에서 벗어나게 하는 으뜸가는 담마
여래께서 흔들림 없는 평화로움 속에서 꿰뚫어 아신 바름이란 진리.
담마는 세상에서 으뜸가는 보배,
이러한 진리에 따라 모두가 행복하기를…!

붓다께서 칭찬하신 청정함은
쉼 없고 흔들림 없는 마음가짐이라 하셨으며
세상에 이보다 더 훌륭한 것은 없으니
담마는 이 세상에서 으뜸가는 보배,
이러한 진리에 따라 모두가 행복하기를…!

모두에게 칭찬받는 네 쌍으로 된 여덟 종류의 성자,
마땅히 공양받을 만한 성자들.
베풀면 공덕이 쌓이는 상가(붓다의 가르침을 행하는 제자들)는
세상에서 으뜸가는 보배
이러한 진리에 따라 모두가 행복하기를…!

흔들림 없는 마음으로 고따마 붓다의 가르침을 따라
모든 욕망에서 벗어나고,
나고 죽음을 뛰어넘어 위 없는 평화를 누리는 훌륭한 성자들,
상가는 세상에서 으뜸가는 보배,
이러한 진리에 따라 모두가 행복하기를…!

땅속에 굳게 박힌 단단한 돌기둥은
사방에서 부는 바람에도 흔들리지 않는 것처럼,
담마를 꿰뚫어 알아 바름의 길에 들어선 이들은
바름이라는 길을 널리 알립니다.
상가는 세상에서 으뜸가는 보배,
이러한 진리에 따라 모두가 행복하기를…!

깊은 지혜를 지닌 붓다로부터
잘 설해진 가르침을 낱낱이 꿰뚫어 안 이는
순간 한눈을 팔아 설령 잘못을 저질렀더라도
그릇된 삶을 얻지 않습니다.

상가는 세상에서 으뜸가는 보배,
이러한 진리에 따라 모두가 행복하기를…!

꿰뚫어 안 이들은 언제나 안으로 모든 현상을 살피므로 '나'라는 집착,
법에 대한 의심, 잘못된 종교의식, 이 세 가지 삿된 견해에서 벗어나고,
'네 가지 나쁜 중생'에서 온전히 벗어나며,
'여섯 가지 큰 악업'을 짓지 않습니다.
상가는 세상에서 으뜸가는 보배,
이러한 진리에 따라 모두가 행복하기를…!

성자들은 몸과 입, 마음으로 짓는 어떠한 잘못(惡業)도 숨길 수 없으며,
바름이라는 길에서 진리를 보았기에 작은 잘못조차 짓지 않습니다.
상가는 세상에서 으뜸가는 보배,
이러한 진리에 따라 모두가 행복하기를…!

초여름 숲에서 자라고 피는 꽃들 가운데
가지 끝의 잎이 햇볕을 먼저 받듯이,
붓다께서 베푸신 가르침은 곧바로 닙바나의 길로 이끌어 줍니다.
붓다는 세상에서 참으로 으뜸가는 보배,
이와 같은 진리에 따라 모두가 행복하기를…!

무엇과도 견줄 수 없이 훌륭한 분,
모든 것을 꿰뚫어 아신 분, 아낌없이 주신 분,

으뜸으로 이끌어 주신 분, 위 없는 진리를 펴 보이신 분,

붓다는 참으로 이 세상에서 으뜸가는 보배,

이와 같은 진리에 따라 모두가 행복하기를…!

그들의 지난 생은 소멸:消滅되었고, 다시는 잘못된 삶을 살지 않으며,

마음은 다음 생에 대한 집착이 없고, 번뇌의 씨앗 또한 자라지 않습니다.

지혜롭고 어진 이들은 걸림 없이 떠납니다. 마치 등불이 꺼지듯.

상가는 세상에서 으뜸가는 보배,

이러한 진리에 따라 모두가 행복하기를…!

땅 위에 있든 허공에 있든, 가르침을 들은 이들 모두는

바름이라는 진리를 펴신 붓다께 지극한 마음으로 예를 올립니다.

이로써 모두 행복하여지이다.

땅 위에 있든 허공에 있든, 가르침을 들은 이들 모두는

위 없는 가르침 담마에 지극한 마음으로 예를 올립니다.

이로써 모두 행복하여지이다.

땅 위에 있든 허공에 있든, 가르침을 들은 이들 모두는

위 없는 가르침을 행하는 상가에 지극한 마음으로 예를 올립니다.

이로써 모두 행복하여지이다.

깨달음으로 이끄는 말씀 (보장가경:Bojjhanga sutta)

저는 이렇게 들었습니다.

어느 때, 붓다께서 라자가하(王舍城:Raja-grha)

죽림정사(竹林精舍:Venuvana)에 계실 때였습니다.

뻽빨리 동굴에 머물던 마하까사빠(가섭) 존자는

심한 질병으로 아주 위독해졌습니다.

그때, 붓다께서는 해 질 무렵의 평화로움에서 일어나시어

마하까사빠 존자를 찾아가셨고,

붓다를 위해 미리 준비된 자리에 앉으셨습니다.

앉으신 뒤 붓다께서는 마하까사빠 존자에게 말씀하셨습니다.

"까사빠여, 통증은 견딜만한지 덜한지 더한지 나아지는지…,

어떠신지요?"

"세존이시여, 견디기 힘들고 참기조차 어렵습니다.

고통은 덜해질 기미가 없고 더 심해지고 있습니다."

"까사빠여,

나는 '깨달음의 요인이 되는 일곱 가지(七覺支)'에 대해 말하였소.

이것은 내가 개발했으며 잘 설명했고 자주 쓰는 것입니다.

이것을 실천하면 지혜가 생기고 '네 가지 진리'를 꿰뚫어 알아

'닙바나'를 이룹니다.
그 일곱 가지가 무엇인가?

까사빠여, 바른 알아차림은 깨달음의 요인(念覺支)이며,
이것은 내가 개발했으며, 잘 설명했고, 자주 쓰는 것입니다.
이것을 실천하면 지혜가 생기고 '네 가지 진리'를 꿰뚫어 알아
닙바나를 이룹니다.

까사빠여, 법에 대한 바른 관찰은 깨달음의 요인(擇法覺支)이며,
이것은 내가 개발했으며 잘 설명했고 자주 쓰는 것입니다.
이것을 실천하면 지혜가 생기고 '네 가지 진리'를 꿰뚫어 알아
닙바나를 이룹니다.

까사빠여, 끊임없는 바른 노력은 깨달음의 요인(精進覺支)이며,
이것은 내가 개발했으며 잘 설명했고 자주 쓰는 것입니다.
이것을 실천하면 지혜가 생기고 '네 가지 진리'를 꿰뚫어 알아
닙바나를 이룹니다.

까사빠여, 기쁨은 깨달음의 요인(喜覺支)이며,
이것은 내가 개발했으며 잘 설명했고 자주 쓰는 것입니다.
이것을 실천하면 지혜가 생기고 '네 가지 진리'를 꿰뚫어 알아
닙바나를 이룹니다.

까사빠여, 평안함은 깨달음의 요인(輕安覺支)이며,
이것은 내가 개발했으며 잘 설명했고 자주 쓰는 것입니다.
이것을 실천하면 지혜가 생기고 '네 가지 진리'를 꿰뚫어 알아
닙바나를 이룹니다.

까사빠여, 바른 마음가짐은 깨달음의 요인(定覺支)이며,
이것은 내가 개발했으며 잘 설명했고 자주 쓰는 것입니다.
이것을 실천하면 지혜가 생기고 '네 가지 진리'를 꿰뚫어 알아
닙바나를 이룹니다.

까사빠여, 치우치지 않고, 있는 그대로 보는 마음은
깨달음의 요인(捨覺支)이며,
이것은 내가 개발했으며 잘 설명했고 자주 쓰는 것입니다.
이것을 실천하면 지혜가 생기고 '네 가지 진리'를 꿰뚫어 알아
닙바나를 이룹니다.

여기, '깨달음의 요인이 되는 일곱 가지'를 설(說)하였소.
이것은 내가 개발했으며 잘 설명했고 자주 쓰는 것입니다.
이것을 실천하면 지혜가 생기고 '네 가지 진리'를 꿰뚫어 알아
닙바나를 이룹니다."
"세존이시여, 이 일곱 가지는 확실히 깨달음의 요인이 됩니다.
여래시여, 참으로 그러합니다. 확실히 깨달음의 요인이 됩니다."

붓다의 말씀(설법)을 들은 마하 까사빠 존자의 마음은 기쁨으로 가득하여
병을 털고 일어 났으며 건강을 되찾았고 질병이 사라졌습니다.

깨달음의 요인 일곱 가지는,
바른 알아차림, 법에 대한 바른 관찰, 끊임없는 바른 노력,
기쁨, 평안함, 그리고 바른 마음가짐과 치우치지 않고,
있는 그대로 보는 마음입니다.

위의 일곱 가지 요인은 낱낱이 꿰뚫어 보시는 붓다께서 개발하셨고
잘 설명하셨고, 자주 실천하신 것으로 완전한 지혜가 생기게 하고,
'네 가지 진리'와 닙바나를 이루게 합니다.
이와 같은 진실을 말함으로써 우리는 언제나 안전할 것입니다.

어느 때, 붓다께서 목갈라나(목련) 존자와 까사빠 존자가 열병으로
고통받는 걸 보시고, 일곱 가지 깨달음의 요인을 설법하시니,
그들은 설법을 듣고 기쁨이 가득 차면서 모든 병이 사라졌습니다.
이와 같은 진실을 말함으로써 우리는 언제나 안전할 것입니다.

한 때, 붓다께서 열병을 앓게 되셨을 때 쭌다 장로에게
일곱 가지 깨달음의 요인을 자비롭게 암송(暗誦)하게 하셨습니다.
그렇게 깨달음 요인 일곱 가지를 들으신 붓다께서는
아주 기뻐하면서 병에서 일어나셨습니다.
이와 같은 진실을 말함으로써 우리는 언제나 안전할 것입니다.

깨달음의 요인 일곱 가지를 듣고 질병에서 벗어난 세 분의
위대한 성자님들은 도(道)로써 번뇌를 다스린 분들이며,
법의 자연 성품으로 이루신 분입니다.
이와 같은 진실을 말함으로써 우리는 언제나 안전할 것입니다.

우리는 끊임없이 늙음에 쫓기고 있으며 이를 막을 이 아무도 없습니다.
우리는 끊임없이 질병에 쫓기고 있으며 이를 막을 이 아무도 없습니다.
우리는 끊임없이 죽음에 쫓기고 있으며 이를 막을 이 아무도 없습니다.
우리는 사랑하는 이들과 가진 물건들을
뒤에 남겨두고 떠나게 되는 처지에 있습니다.
이것은 우리 삶의 법칙입니다.

우리는 '업'을 일으켰고, 업을 지었으며, 업을 집착했고
업의 길을 만들었으며, 그 업의 상속자입니다.

우리가 지은 좋은 업이건 나쁜 업이건
그 결과를 우리가 받아야 할 처지에 놓여 있습니다.
그러므로 우리는 다섯 가지를 날마다 마음에 새기며
우리 삶을 돌아보아야 합니다.

모든 중생은 어그러짐을 피하지 못하고,
이 세상과는 목숨이 다함으로 끝이지만,
자신 스스로 익어진 좋은 업의 공덕과 나쁜 업의 결과는
자신의 삶에서 받습니다.

바름으로 좋은 업을 지은 사람은 행복한 삶을 얻습니다.

그러므로 사람들은 바름으로 좋은 업을 지어 내일을 갖추어야 합니다.
할 뿐인 행(팔정도)이 바탕이 되어 중생의 삶을 벗어나는 까닭입니다.

수명과 생명의 체온, 마음이 몸을 떠나버리면
이 몸은 썩은 나무토막보다도 쓸모없습니다.
목동이 울타리 안으로 소 떼를 몰아가듯,
어그러지고 망가짐은 중생의 삶으로 몰아갑니다.

(오취온인 꼭두각시) 몸의 현상은 한 조각 거품이요.
(꼭두각시의) 느낌은 하나의 물방울 같으며,
(꼭두각시의) 기억은 아지랑이 같고,
(꼭두각시의) 생각은 파초 나무 같으며,
(꼭두각시의) 앎은 마치 요술 세계와 같습니다.
이것이 여래의 가르침입니다.

이 담마는 한 마을만의 것이 아니고, 한 도시만의 것도 아니며,
한 가정만의 것도 아닌 이 담마는 이 세상 모두의 담마 '아닛짜'입니다.

이 담마는 한 마을만의 것이 아니고, 한 도시만의 것도 아니며,
한 가정만의 것도 아닌 이 담마는 이 세상 모두의 담마 '둑카'입니다.

이 담마는 한 마을만의 것이 아니고, 한 도시만의 것도 아니며,
한 가정만의 것도 아닌 이 담마는 이 세상 모두의 담마 '아낫따'입니다.

머지않은 날, 이 몸이 흙 위에 던져져 누워있고,
마음이 떠났을 때는 썩은 나무토막보다도 쓸모없습니다.

(오취온으로) 조건 지어진 형상은 아닛짜이며, 일어난 모든 것은 곧 사라지며,
일어나고 사라짐이 멈추고 완전한 멈춤은 곧 진실한 행복입니다.

도(道)로서는 '여덟 가지 바른길'이 가장 성스러운 길이고,
진리로는 '네 가지 진리'가 으뜸이며,
욕망을 다스리게 하는 가르침으로 으뜸이고,
가장 지혜로운 분은 붓다십니다.

오직 바른길, 맑고 걸림 없는 길에 이르는 다른 길은 없으니 반드시
이 길을 따라야 합니다. 그리하면 마라(번뇌)도 어쩌지 못할 것입니다.

이 한 길을 따라야 합니다.
그리하면 모든 괴로움이 사라짐을 이룰 것입니다.
여래도 이 길을 따라 번뇌의 가시밭길 벗어났음을 알았기에
그대들에게 이 길을 보여주는 것입니다,

그대 스스로 노력하여야 합니다. 여래는 다만, 길을 보여줄 뿐입니다.
누구든 마음 현상을 잘 살핀다면(관찰)
마라의 얽매임에서 자유로울 것입니다.
아윗자로 형성된 모든 업은 아닛짜입니다.

그대가 지혜의 눈으로 꿰뚫어 본다면

그대는 괴로움의 현실에서 깨어날 것이니

이것이 맑고 걸림 없는 삶에 이르는 길입니다.

어리석음이 짓는 모든 업은 둑카가 따릅니다.

그대가 지혜의 눈으로 꿰뚫어 본다면 그대는 괴로움의 현실에서

깨어날 것이니 이것이 맑고 걸림 없는 삶에 이르는 길입니다.

담마에는 아낟따가 있을 수 없으니

그대가 지혜의 눈으로 꿰뚫어 본다면

그대는 괴로움의 현실에서 깨어날 것이니

이것이 맑고 걸림 없는 삶에 이르는 길입니다.

욕망을 다스리게 하는 말씀

이 세상에 오신 위대한 거룩한 분,

모든 번뇌를 여의고 스스로 낱낱이 꿰뚫어 아신 분.

여래로부터 잘 설해진 진리는 모든 고통에서 벗어나게 하고,

마음의 평화를 얻게 하며, 완전한 행복에 이르게 하며,

해탈로 이끄는 진리며, 우리는 그 진리를 이렇게 들었습니다.

번뇌로 물든 몸과 마음이 생겨남은 고통(生)이요.

변해가는 것이 고통(老)이며, 망가짐도 고통(病)이요,

사그라짐(死)도 고통이요.

번뇌로 일으키는 슬픔, 아픔, 절망과 좌절 또한 고통이며,

싫어하는 것과 만남이 고통(怨憎會苦)이며,

좋아하고 익숙해진 것과 헤어짐도 고통(愛別離苦)이며,

원하는 것을 얻지 못함도 고통(求不得苦)이니,

짧게 말해 집착으로 이루어진 다섯 무더기가 고통(五蘊盛苦)이며,

그것들은 다음과 같습니다.

집착으로 이루어진 몸(色)과 느낌(受), 기억(想), 생각(行), 앎(識)입니다.

붓다께서 세상에 계실 때, 제자들에게 집착으로 이루어진

다섯 무더기의 자연 성품을 바로 알게, 하기 위해서

너무도 자주 일깨워 주신 말씀은 다음과 같습니다.

집착으로 이루어진 몸(꼭두각시)은 견고하지 못한 것이요.
정신인 느낌, 기억, 생각, 앎 또한 '아닛짜'입니다.
집착으로 이루어진 몸과 정신인 느낌, 기억, 생각, 앎 또한
내가 아닙니다.
형성되는 모든 업은 '견고하지 않은 것'이며
모든 법 또한 '아낟따'입니다.

우리, 모두는 번뇌로 물든 몸과 마음이 생겨남과
변해감, 망가짐, 사그라짐, 슬픔, 아픔, 절망, 좌절 따위로
억누르는 고통이 늘 따르는 것이 사실입니다.
늘 이와 같은 고통이 우리 앞에서 기다리고 있음을
지혜롭게 알아야 합니다.

비록 붓다께서 '빠리닙바나'에 드신 지 오래되었을지라도
우리는 그분을 존경하고,
그분의 담마와 제자들을 의지하고,
제자들에게 가르침을 받으면서 끊임없이 노력하며,
저마다의 능력에 따라 깨어있는 마음으로 알아차림 하면서
붓다의 가르침을 실천하도록 하겠습니다.
저희가 이렇게 알고 닦음으로써
모든 고통을 소멸하는데 이로움이 있어지이다.

싸-두-(훌륭합니다)! 싸-두-! 싸-두--!

나모 땃사 바가와또 아라하또 삼마 삼 붓다싸.(3번)

(Namo tassa bhagavato arahato sammā sambuddhassa)

그분, 번뇌를 여읜 존귀한 분, 마땅히 공양받을만한 분,

바름이란 진리를 스스로 깨달아 아신 분께 지극한 예를 올립니다.

날마다 틈틈이 빼고 들이기

= 한 가지씩 없애거나 반대로 하기 =

- 거친 말(욕설) 하는 버릇 없애기
- 남이 가로채고 끼어드는 버릇 없애기
- '불리하다' 여길 때 거짓말하는 버릇 없애기
- 그 사람 없을 때 흉보는 버릇 없애기
- 쓸데없이 수다 떠는 버릇 없애기
- 남이 말할 때 딴짓하는 버릇 없애기
- 여기서 저 말 하고, 저기서 이 말하는 버릇 없애기
- 잘못인 줄 알면서도 사과할 줄 모르는 버릇 없애기
- 가까운 사람에게는 함부로 대하는 버릇 없애기
- 음식을 입에 넣고 쩝쩝거리며 말하는 버릇 없애기
- 모자라 보이고 못났다 느끼면 무시하는 버릇 없애기
- 잘난 척 으스대는 버릇 없애기
- 화나는 일은 모두 남의 탓이라고 여기는 버릇 없애기
- 뜻대로 안 되면 소리 지르는 버릇 없애기
- '욱'하는 버릇 없애기
- 일마다 말끝마다 투덜대는 버릇 없애기
- 모든 가치를 물질이나 돈으로 따지려는 버릇 없애기
- 가까운 사람일수록 배려 안 하는 버릇 없애기
- 나 아니면 안 된다고 생각하는 버릇 없애기
- 남의 개성을 존중하지 않는 버릇 없애기

- '다르다'라고 생각지 않고 '틀리다'라고 보는 버릇 없애기
- '좋다' '안 좋다'로 가름하는 버릇 없애기
- 내 생각만 옳다고 여기는 버릇 없애기
- 힘들 때마다 누구에게든 기대려는 버릇 없애기
- 힘든 일을 만나면 포기하려는 버릇 없애기
- 남한테 술 권하는 버릇 없애기
- 담배꽁초나 쓰레기 아무 데나 버리는 버릇 없애기
- 이 핑계 저 핑계로 하루도 빠짐없이 술 마시는 버릇 없애기
- 줄담배 피우는 버릇 없애기
- 술을 취할 때까지 마시는 버릇 없애기
- 재미로 낚시나 사냥을 하는 버릇 없애기
- 산이나 강가에 쓰레기 함부로 버리는 버릇 없애기
- 신발을 벗어 가지런히 놓지 않는 버릇 없애기
- 걸을 때 신발을 끄는 버릇 없애기
- 필요 없는 대도 욕망으로 물건 사는 버릇 없애기
- 남의 차선 끼어드는 버릇 없애기
- 운전하면서 전화 & 문자 하는 버릇 없애기
- 운전할 때 욕하는 버릇 없애기
- 앉아서 다리 떠는 버릇 없애기
- 작은 칭찬에도 우쭐대는 버릇 없애기
- 겸손하지 못한 버릇 없애기
- 어른보다 먼저 수저 드는 버릇 없애기
- 반찬을 가려 먹으면서 반찬 투정하는 버릇 없애기

- 밥을 남기는 버릇 없애기

- 아껴 쓰지 않는 버릇 없애기

- 지금 할 일을 나중으로 미루는 버릇 없애기

- 손톱 물어 뜯는 버릇 없애기

- 잠자기 전 휴대전화 열어 보는 버릇 없애기

- 스마트폰이나 컴퓨터 게임에 빠져있는 버릇 없애기

- 구부정하게 앉는 버릇 없애기

- 턱 괴고 있는 버릇 없애기

- 작은 일에도 고마워하는 버릇 들이기

- 남이 잘한 건 잘했다고 칭찬하고 표현하는 버릇 들이기

- 내가 잘못한 건 잘못했다고 빨리 인정하는 버릇 들이기

- 힘들 때 무조건 잘 될 거야 바라지 않고 좋은 쪽으로 생각하는 버릇 들이기

- 쓰레기 & 재활용품 분리배출 제대로 하는 버릇 들이기

*** 이 밖에도 자신만이 가진 안 좋은 버릇이 있다면 꼽아 보고
　　 반대로 하려는 노력이 있다면 당신은 이미 수행하고 있는 겁니다.

사람의 길, 담마

한 권으로 읽는 붓다의 핵심 가르침

초판 1쇄 발행 2022년 4월 25일

지은이 | 아신 냐나
옮긴이 | 아리야 냐니
펴낸이 | 박유상
펴낸곳 | 빈빈책방(주)

디자인 | 박주란

등　록 | 제2021-000186호
주　소 | 경기도 고양시 덕양구 중앙로 439 서정프라자 401호
전　화 | 031-8073-9773
팩　스 | 031-8073-9774

이메일 | binbinbooks@daum.net
페이스북 | /binbinbooks
네이버블로그 | /binbinbooks
인스타그램 | @binbinbooks

ISBN 979-11-90105-44-6